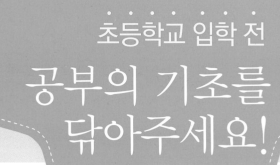

KB095475

국어뿐만 아니라 다른 과목을 공부하는 데 있어 가장 기초가 되는 것은 글을 읽고 내용을 파악하는 힘입니다. 학교에서 배우는 모든 과목은 알다시피 우리말의 낱말과 문장으로 이루어져 있습니다. 따라서 글을 읽고 내용을 이해하는 데 어려움이 없다면 아무리 배경 지식이 없는 낯선 내용이라도 충분히 글의 내용을 자신의 것으로 정리해 낼 수 있습니다.

글을 읽고 내용을 파악하는 데 핵심이 되는 능력은 어휘력과 독해력입니다. 그리고 어휘력과 독해력을 키우는 데 가장 좋은 것은 무엇보다도 꾸준한 독서 습관입니다. 평소에 책 읽기를 좋아하고 여러 분야의 책을 많이 읽은 아이라면 어휘력과 독해력이 다른 아이에 비해 부족함이 없을 것입니다.

하지만 절대적인 독서량이 부족하고 책을 읽더라도 정독하지 못하고 글의 내용이나 주제를 파악하는 데 서툰 아이라면 독서 방법이나 습관을 개선하기 위한 별도의 교육이 필요합니다. 가장 효과적인 교육 방법은 부모님이 아이에게 책을 읽어 주는 것입니다. 책 읽어 주기는 아이 스스로 책에 대한 거부감을 없애고 책을 좋아하게 만들기 위해 부모가 해야 할 기본적인 역할입니다.

책 읽어 주기와 더불어 짧은 글을 읽고 글의 내용을 파악하는 훈련을 지속적으로 해 주세요. 이것은 정독 습관을 길러주기 위한 것으로, 주어진 문제를 해결하기 위해서는 짧은 글이라도 꼼꼼하게 읽어야 한다는 것을 아이가 깨닫도록 하기 위함입니다. 예비초등 공습국어를 활용하면 이 훈련을 효과적으로 진행하는데 많은 도움이 될 것입니다.

이렇게 책을 좋아하고 정독하는 습관을 갖게 된다면 아이의 어휘력과 독해력은 점점 탄탄해질 것입니다. 특히 초등 입학 전부터 어휘력과 독해력을 착실하게 다져 놓는다면 학교 공부를 따라가는 데 큰 부담을 덜 수 있을 뿐 아니라 실력면에서도 한 발 더 앞서나가는 아이가 될 것입니다.

예비초등 공습국어의 특징

하나 흥미롭고 유익한 글감이 가득!

우리 주변의 소소한 일상에서부터 알쏭달쏭 신기한 자연 현상에 이르기까지 아이들이 알아 두면 좋을 여러 가지 이야기를 아기자기한 그림과 함께 수록하였습니다. 또한 같은 주제에 해당하는 글들을 동화, 동요, 일기, 편지, 설명문 등 다양한 형식으로 구성하여 갈래별로 글의 특징을 맛볼 수 있도록 했습니다.

둘 미리 체험해보는 초등 1, 2학년!

각 마당별 글감들은 초등 1~2학년 교과인 바른 생활, 슬기로운 생활, 즐거운 생활 영역의 활동 주제들로 구성하였습니다. 이를 통해 취학 전에 1~2학년 교과 주제와 관련된 내용을 미리 체험할 수 있습니다.

셋 어휘와 독해 훈련을 한번에!

초등용 공습국어가 어휘와 독해로 나누어져 있다면 예비초등 공습국어는 어휘와 독해를 한 교재 안에서 공부할 수 있도록 구성했습니다. 이를 통해 어휘와 독해 어느 한쪽에 치우치지 않고 고르게 학습할 수 있습니다.

넷 학습 지도를 위한 문제 풀이 및 해설!

교재에 들어 있는 별도의 정답지를 통해 문제에 대한 해설과 문제 풀이를 위한 학습 지도 요령을 확인할 수 있습니다. 집에서 아이와 교재 학습을 진행할 때 참고하면 많은 도움이 될 것입니다.

부모님께서는 이렇게 도와주세요!

하나 아이와 함께 하는 것이 무엇보다 중요합니다.

취학 전 아동의 경우 글을 읽거나 문제 풀이 활동이 익숙하지 않으므로, 혼자서 교재를 보고 공부하는 것이 쉽지 않습니다. 특히 본 교재는 글 읽기가 중요합니다. 독서 경험이 풍부한 아이라면 큰 어려움이 없겠지만 대부분 아이들은 글 읽기가 아직은 서툴고 어렵습니다. 따라서 부모님께서 교재에 나와 있는 지문이나 문제를 아이에게 직접 읽어 주시는 것이 좋습니다. 그런 다음 아이도 소리 내어 글을 읽을 수 있도록 지도해 주시기 바랍니다. 문제를 풀 때도 정답에 제시된 문제 풀이 방법과 지도 방법을 참조하여 아이와 서로 이야기하는 것이 학습 효과를 높이는 데 많은 도움이 됩니다.

둘 꾸준함이 좋은 공부 습관을 만듭니다.

어휘력과 독해력은 글을 읽을 때 정확하고 꼼꼼하게 읽는 정독 습관을 통해 형성됩니다. 이 말은 바꿔 이야기하면 정독 습관이 제대로 형성되지 않으면 어휘력과 독해력을 향상시키기가 쉽지 않다는 것입니다. 습관을 들이기 위해서는 꾸준하고 지속적인 훈련이 필요합니다. 따라서 본 교재를 볼 때 매일 1차시 정도의 분량을 꾸준히 학습할 수 있게 지도해 주시기 바랍니다.

셋 천천히 여유를 가지고 지켜봐 주세요.

아이와 문제를 풀다보면 방금 읽은 내용인데도 잊어버리고 헤매는 경우를 많이 경험해 보았을 것입니다. 그런 경우 답답하다고 아이를 다그치거나 좋지 못한 소리를 하면 아이들은 위축되고 스트레스를 받아 오히려 학습 의욕이 떨어지게 됩니다. 읽은 글의 내용이 잘 생각나지 않으면 다시 천천히 꼼꼼하게 읽어 보게 하세요. 그리고 시간에 쫓기 듯 문제를 풀게 하지 마시고 아이에게 충분히 생각할 시간을 주고 스스로 문제를 해결할 수 있도록 여유를 가지고 지켜봐 주세요.

넷 책 읽기가 어휘력과 독해력의 기본임을 잊지 마세요.

공습국어를 통해서 다양한 주제를 가진 여러 갈래의 글들을 접할 수 있고, 문제 풀이를 통해 어휘력과 독해력을 키울 수 있지만, 어휘력과 독해력의 기본은 다양하고 풍부한 독서 체험입니다. 교재 학습은 보조적 수단입니다. 궁극적으로는 아이가 책을 좋아하도록 만들어야 합니다. 아이가 흥미를 가질 만한 내용이 담긴 책을 부모님께서 꾸준히 읽어 주고 책의 내용에 대해 자유롭게 대화를 나눠 보세요. 아이와 책이 가까워지는 데 많은 도움이 될 것입니다.

마당과 차시 구성 미리 보기

예비초등 공습국어는 한 마당이 다섯 개의 차시로 구성되어 있어 하루에 한 차시씩 학습할 때 1주일 정도가 소요됩니다. 따라서 매일 한 차시씩 꾸준히 진도를 나갈 경우 3주면 1권을 마무리할 수 있습니다.

부모님께
이번 마당에 나오는 글들이 초등 1~2학년 과목에서 어떤 주제에 해당하는지 소개하고 학습 지도 방법을 설명합니다.

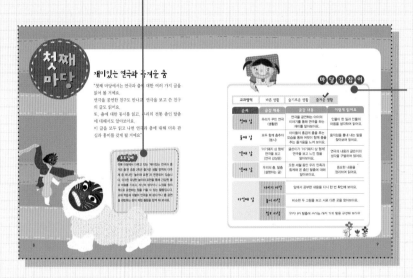

마당 길잡이
이번 마당의 교과 영역과 각 차시별 글의 갈래와 내용, 그리고 글을 읽는 방법을 보여 줍니다. 처음 마당을 시작할 때 이곳을 통해 마당의 전체적인 내용을 확인하세요.

글을 읽어요
각 차시별로 문제를 풀기 위해 읽어야 할 글입니다. 부모님께서 먼저 읽어주시고, 그 다음 아이가 소리 내어 읽게 해 주세요. 그리고 읽을 때는 글의 내용을 생각하며 천천히 꼼꼼하게 읽어야 합니다.

낱말 쏙쏙
글에 나온 낱말 중 아이들이 조금 어려워할 만한 낱말이나 소리나 모양 등을 흉내 내는 낱말의 뜻을 풀어서 설명합니다.

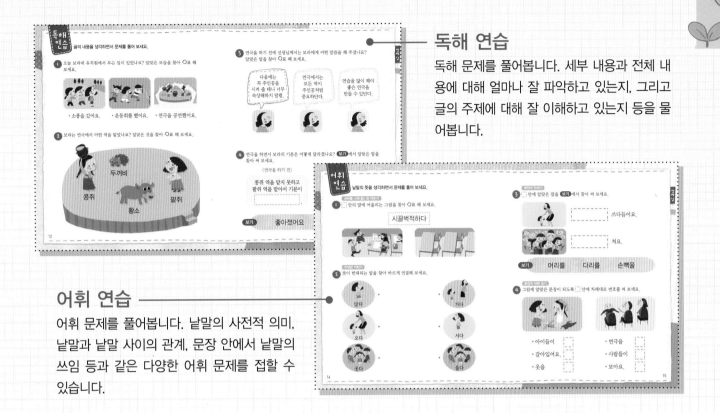

독해 연습

독해 문제를 풀어봅니다. 세부 내용과 전체 내용에 대해 얼마나 잘 파악하고 있는지, 그리고 글의 주제에 대해 잘 이해하고 있는지 등을 물어봅니다.

어휘 연습

어휘 문제를 풀어봅니다. 낱말의 사전적 의미, 낱말과 낱말 사이의 관계, 문장 안에서 낱말의 쓰임 등과 같은 다양한 어휘 문제를 접할 수 있습니다.

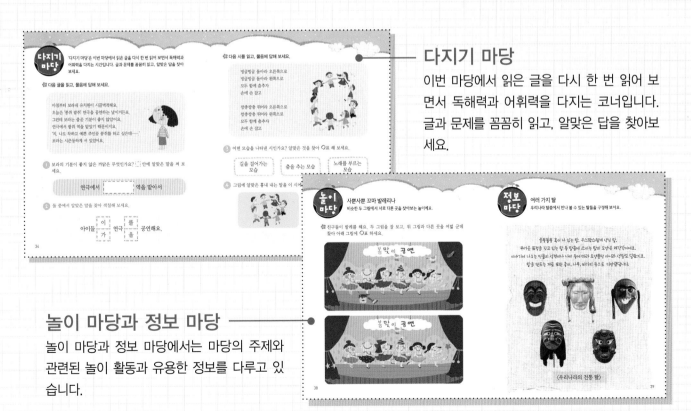

다지기 마당

이번 마당에서 읽은 글을 다시 한 번 읽어 보면서 독해력과 어휘력을 다지는 코너입니다. 글과 문제를 꼼꼼히 읽고, 알맞은 답을 찾아보세요.

놀이 마당과 정보 마당

놀이 마당과 정보 마당에서는 마당의 주제와 관련된 놀이 활동과 유용한 정보를 다루고 있습니다.

권별 구성과 교과 연계 보기

예비초등 공습국어의 각 마당은 초등 1~2학년 교과인 바른 생활, 슬기로운 생활, 즐거운 생활의 주제와 서로 연관이 되어 있습니다. 초등 교과목과의 연계를 통해 아이들은 미리 학교에서 배우게 될 내용들을 간접적으로 체험할 수 있습니다.

권	마당	제목	과목	주제
1권	첫째 마당	신 나는 동요	즐거운 생활	동요를 부르는 즐거움
	둘째 마당	화목한 가족	슬기로운 생활	가족 구성원과 가족의 소중함
	셋째 마당	올바른 생활 습관	바른 생활	생활 습관의 중요성
2권	첫째 마당	알록달록 색깔	즐거운 생활	색깔의 종류와 다양한 느낌
	둘째 마당	소중한 친구	바른 생활	바람직한 친구 관계
	셋째 마당	정다운 우리 마을	슬기로운 생활	우리 마을과 함께 사는 이웃
3권	첫째 마당	즐거운 운동과 놀이	즐거운 생활	여러 가지 놀이와 운동
	둘째 마당	다 함께 지켜요	바른 생활	공공장소에서의 바른 행동
	셋째 마당	신기한 우리 몸	슬기로운 생활	우리 몸에서 일어나는 현상
4권	첫째 마당	정다운 인사	바른 생활	상황에 알맞은 인사법
	둘째 마당	흥겨운 악기	즐거운 생활	음악의 여러 요소와 악기
	셋째 마당	와글와글 시장	슬기로운 생활	가게와 물건의 필요성
5권	첫째 마당	재미있는 연극과 흥겨운 춤	즐거운 생활	다양한 놀이와 느낌의 표현
	둘째 마당	자랑스러운 우리나라	바른 생활	우리나라를 상징하는 것
	셋째 마당	계절과 생활	슬기로운 생활	사계절 속 사람과 동식물의 생활
6권	첫째 마당	낮과 밤	슬기로운 생활	낮과 밤의 변화와 하루 일과
	둘째 마당	흥겨운 민속놀이	즐거운 생활	민속놀이의 즐거움과 조상의 삶
	셋째 마당	아름다운 환경	바른 생활	환경의 중요성과 실천 방법
7권	첫째 마당	왁자지껄 소리	즐거운 생활	소리의 구별과 표현
	둘째 마당	동식물은 내 친구	슬기로운 생활	동식물 기르기와 생명 존중의 마음
	셋째 마당	재미있는 숫자	수학	숫자와 수의 순서

차례

첫째 마당

재미있는 연극과 흥겨운 춤

"첫째 마당에서는 연극과 춤에 대한 여러 가지 글을 읽어 볼 거예요.

연극을 공연한 친구도 만나고, 연극을 보고 쓴 친구의 글도 읽어요.

또, 춤에 대한 동시를 읽고, 우리의 전통 춤인 탈춤에 대해서도 알아보아요.

이 글을 모두 읽고 나면 연극과 춤에 대해 더욱 관심과 흥미를 갖게 될 거예요"

부모님께

첫째 마당에서 다루고 있는 '재미있는 연극과 흥겨운 춤'은 초등 2학년 즐거운 생활 영역의 대주제 중 하나인 '놀이와 표현'과 연관되어 있습니다. 이것은 다양한 놀이와 표현을 통해 건강한 몸과 마음을 기르고, 자신의 생각이나 느낌을 창의적으로 표현하는 힘을 키울 수 있는 활동입니다. 교재 학습과 더불어 연극을 해 본다거나 춤 공연을 관람하는 등의 체험 활동을 함께 해 보세요.

마당길잡이

교과영역	바른 생활	슬기로운 생활	즐거운 생활 ✔

순서	글감 제목	글감 내용	이렇게 읽어요
첫째 날	우리가 꾸민 연극 (생활문)	연극을 공연하는 아이의 이야기를 통해 연극을 하는 재미를 알아보아요.	인물이 한 일과 인물의 마음을 생각하며 읽어요.
둘째 날	모두 함께 춤추자 (동시)	아이들이 흥겹게 춤을 추는 모습을 통해 여럿이 함께 춤을 추는 즐거움을 느껴 보아요.	움직임을 흉내 내는 말을 찾아보며 읽어요.
셋째 날	'아기돼지 삼 형제' 연극을 보고 (연극 감상문)	글쓴이가 '아기돼지 삼 형제' 연극을 보고 느낀 점을 알아보아요.	연극의 내용과 글쓴이의 생각을 구별하며 읽어요.
넷째 날	우리의 춤, 탈춤 (설명하는 글)	오랜 세월 동안 우리 민족과 함께해 온 춤인 탈춤에 대해 알아보아요.	중요한 내용을 정리하며 읽어요.
다섯째 날	다지기 마당	앞에서 공부한 내용을 다시 한 번 확인해 보아요.	
	놀이 마당	비슷한 두 그림을 보고 서로 다른 곳을 찾아보아요.	
	정보 마당	우리나라 탈춤에 쓰이는 여러 가지 탈을 구경해 보아요.	

우리가 꾸민 연극

아침부터 보라네 유치원이 시끌벅적해요.
오늘은 '콩쥐 팥쥐' 연극을 공연하는 날이거든요.
그런데 보라는 **줄곧** 기분이 좋지 않았어요.
연극에서 팥쥐 역을 맡았기 때문이지요.
'치, 나도 착하고 예쁜 주인공 콩쥐를 하고 싶은데…….'
보라는 시큰둥하게 서 있었어요.
그때, 선생님께서 보라에게 오셨어요.
"보라야, 연극에서는 모든 역이 주인공처럼 중요해.
한 사람만 잘해서는 좋은 연극을 만들 수 없단다."
선생님께서는 웃으며 보라의 머리를 쓰다듬어 주셨어요.
보라는 선생님 말씀을 알 듯 말 듯했어요.

낱말쏙쏙
❀줄곧
끊이지 않고 계속이라는
뜻이에요.

연극 공연 시간이 점점 다가왔어요.
아이들은 선생님의 말씀에 따라 연극을 준비했어요.
보라도 **언짢은** 마음을 잠시 잊고 연극을 준비했어요.
드디어 연극이 시작되었어요.
아이들은 저마다 맡은 역을 열심히 연기했어요.
"하하하, 모두들 연극배우처럼 연기를 잘하네!"
구경 온 사람들은 큰 소리로 웃고 손뼉도 치며,
즐겁게 연극을 보았어요.
사람들의 힘찬 박수 소리에, 어느새 보라의 기분도 좋아졌어요.

🌸**언짢은**   낱말쏙쏙
(언짢다)
기분이 좋지 않다는
뜻이에요.

11

글의 내용을 생각하면서 문제를 풀어 보세요.

1 오늘 보라네 유치원에서 무슨 일이 있었나요? 알맞은 모습을 찾아 ◯표 해 보세요.

• 소풍을 갔어요.   • 운동회를 했어요.   • 연극을 공연했어요.

2 보라는 연극에서 어떤 역을 맡았나요? 알맞은 것을 찾아 ◯표 해 보세요.

두꺼비

콩쥐

황소

팥쥐

③ 연극을 하기 전에 선생님께서는 보라에게 어떤 말씀을 해 주셨나요?
알맞은 말을 찾아 ○표 해 보세요.

다음에는
꼭 주인공을
시켜 줄 테니 너무
속상해하지 말렴.

연극에서는
모든 역이
주인공처럼
중요하단다.

연습을 많이 해야
좋은 연극을
만들 수 있단다.

④ 연극을 하면서 보라의 기분은 어떻게 달라졌나요? 보기 에서 알맞은 말을
찾아 써 보세요.

〈연극을 하기 전〉

콩쥐 역을 맡지 못하고
팥쥐 역을 맡아서 기분이

┌─────────────┐
└─────────────┘ .

〈연극을 하면서〉

구경하는 사람들의 힘찬
박수 소리를 들으니 기분이

┌─────────────┐
└─────────────┘ .

보기 좋아졌어요 좋지 않았어요

13

낱말의 뜻을 생각하면서 문제를 풀어 보세요.

1 ☐ 안의 말에 어울리는 그림을 찾아 ⌒표 해 보세요.

시끌벅적하다

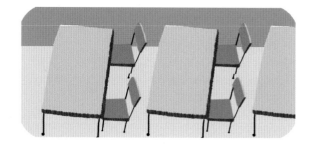

2 뜻이 반대되는 말을 찾아 바르게 연결해 보세요.

앉다

가다

오다

서다

웃다

울다

3 ☐ 안에 알맞은 말을 **보기** 에서 찾아 써 보세요.

☐ 쓰다듬어요.

☐ 쳐요.

보기　　머리를　　　다리를　　　손뼉을

4 그림에 알맞은 문장이 되도록 ☐ 안에 차례대로 번호를 써 보세요.

- 아이들이 ☐
- 갈아입어요. ☐
- 옷을 ☐

- 연극을 ☐
- 사람들이 ☐
- 보아요. ☐

15

모두 함께 춤추자

빙글빙글 돌아라 오른쪽으로
빙글빙글 돌아라 왼쪽으로
모두 함께 춤추자
손에 손 잡고

깡충깡충 뛰어라 오른쪽으로
깡충깡충 뛰어라 왼쪽으로
모두 함께 춤추자
손에 손 잡고

살랑살랑 흔들어라 오른팔을
살랑살랑 흔들어라 왼팔을
즐겁게 춤추자
노래 부르며

쿵쿵 굴러라 오른발을
쿵쿵 굴러라 왼발을
즐겁게 춤추자
노래 부르며

17

글의 내용을 생각하면서 문제를 풀어 보세요.

1 이 시를 읽고, 어떤 장면이 떠오르나요? 알맞은 것을 찾아 ◯표 해 보세요.

2 이 시의 느낌은 어떠한가요? 바르게 말한 것을 찾아 색칠해 보세요.

무서워요.

즐거워요.

슬퍼요.

쓸쓸해요.

3 이 시를 통해 볼 수 있는 모습이 <u>아닌</u> 것을 찾아 색칠해 보세요.

깡충깡충
뛰는 모습

빙글빙글
도는 모습

쿵쿵 발을
구르는 모습

짝짝 박수를
치는 모습

살랑살랑
팔을 흔드는
모습

4 이 시에 대해 바르게 말한 아이는 누구인가요? 바르게 말한 친구를 찾아
○표 해 보세요.

세계
여러 나라의 춤을
잘 나타냈어요.

아이들이 즐겁게
춤추는 모습을
잘 나타냈어요.

춤을
배우고 싶어 하는
아이의 마음을
잘 나타냈어요.

낱말의 뜻을 생각하면서 문제를 풀어 보세요.

흉내 내는 말 익히기

1 [ ] 안의 말에 어울리는 그림을 찾아 바르게 연결해 보세요.

빙글빙글 •

쿵쿵 •

깡충깡충 •

소리는 같지만 뜻이 다른 말 익히기

2 [ ] 안에 똑같이 들어갈 말을 찾아 써 보세요.

차다
구르다
펴다

발을 [   ].

공이 [   ].

3 ⬚ 안에 알맞은 말을 **보기** 에서 찾아 써 보세요.

왼팔 ⬚ 흔들어요.

오른쪽 ⬚⬚ 뛰어요.

보기　　　를　　　을　　　로　　　으로

낱말 바꾸기

4 밑줄 친 말과 바꾸어 쓸 수 있는 말을 **보기** 에서 찾아 써 넣어 문장을 완성해 보세요.

깡충깡충 뛰어라.　　　　　　살랑살랑 걸어라.

⬚ 뛰어라.　　　　　　⬚ 걸어라.

보기　　　나풀나풀　　생글생글　　팔짝팔짝

'아기 돼지 삼 형제' 연극을 보고

어제 '아기 돼지 삼 형제'라는 연극을 보았습니다.

아기 돼지 삼 형제는 **각자** 자기가 살 집을 지었습니다.

첫째 돼지는 짚으로 집을 지었습니다.

둘째 돼지는 나무로 집을 지었습니다.

셋째 돼지는 벽돌로 집을 지었습니다.

그런데 늑대가 나타나 첫째 돼지와 둘째 돼지의 집을
무너뜨려 버렸습니다.

하지만 셋째 돼지의 튼튼한 벽돌집은 무너뜨리지 못했습니다.

결국 늑대는 굴뚝을 통해 집에 들어가려고 하다가,
똑똑한 셋째 돼지에게 혼쭐이 났습니다.

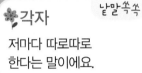

낱말쏙쏙

✿각자

저마다 따로따로
한다는 말이에요.

나는 늑대가 돼지들을 쫓아갈 때에는
무서워서 마음이 **조마조마**했습니다.
꼭 진짜 늑대가 나타난 것 같았기 때문입니다.
하지만 셋째 돼지가 늑대를 물리쳤을 때에는
내가 늑대를 물리친 것처럼 기뻤습니다.
'아기 돼지 삼 형제'는 책을 읽어서 잘 알고 있는 이야기였지만,
연극으로 보니 더 재미있었습니다.
마치 책 속의 주인공들이 살아 움직이는 것처럼 느껴졌습니다.

낱말쏙쏙
❀**조마조마**
앞으로 벌어질 일이 걱정
되어 마음이 편하지 않은
모양을 나타내는 말이에요.

23

글의 내용을 생각하면서 문제를 풀어 보세요.

1 어떤 연극을 보고 쓴 글인가요? 알맞은 제목을 찾아 색칠해 보세요.

| 해와 달이 된 오누이 | 늑대와 일곱 마리 아기 양 | 아기 돼지 삼 형제 |

2 연극의 내용으로 알맞은 것을 모두 찾아 ○표 해 보세요.

첫째 돼지는
짚으로 지었어요.

둘째 돼지는 집을 짓지 않고
잠만 잤어요.

늑대는 셋째 돼지의 집을
무너뜨리지 못했어요.

셋째 돼지는 늑대에게
혼쭐이 났어요.

3 다음과 같은 장면을 보았을 때, '나'의 마음은 어떠했나요? 바르게 말한 것을 찾아 연결해 보세요.

기뻤어요.

무서웠어요.

4 '나'는 연극을 본 뒤 어떤 생각을 했나요? 알맞은 것을 찾아 ◯표 해 보세요.

잘 알고 있는 이야기라 연극을 보는 내내 지루했어.

책 속의 주인공들이 살아 움직이는 것 같아 재미있었어.

낱말의 뜻을 생각하면서 문제를 풀어 보세요.

움직임을 나타내는 말 익히기

1 다음 그림에 어울리는 말을 보기 에서 찾아 써 보세요.

굴뚝으로 ⬚⬚⬚⬚⬚ .   책을 ⬚⬚⬚⬚⬚ .

보기   읽다   만들다   들어가다

꾸며 주는 말 익히기

2 둘 중에서 알맞은 말을 찾아 색칠해 보세요.

게으른

무서운   늑대

튼튼한

더러운   벽돌집

26

때를 나타내는 말 익히기

3 바른 문장이 되도록 알맞은 말을 찾아 ⬚ 안에 ◯표 해 보세요.

나는 어제 연극을

보았어요. ⬚

보고 있어요. ⬚

볼 거예요. ⬚

문장 완성하기

4 다음 그림에 어울리는 문장이 되도록 ⬚ 안에 알맞은 말을 **보기** 에서 찾아 써 보세요.

첫째 돼지는 ⬚ 집을 지었어요.

둘째 돼지는 ⬚ 집을 지었어요.

셋째 돼지는 ⬚ 집을 지었어요.

보기   나무로   짚으로   벽돌로

27

우리의 춤, 탈춤

어깨를 들썩들썩, 팔다리를 덩실덩실.

흥겨운 장단에 맞춰 탈춤 추는 모습을 본 적 있지요?

탈춤은 탈을 쓰고 추는 춤을 말해요.

옛날부터 우리나라 사람들은 춤을 좋아했어요.

기쁜 일이 있을 때도 춤을 추었고,

슬픈 마음을 달래고 싶을 때도 춤을 추었어요.

그중 하나가 바로 탈춤이에요.

탈춤은 **단오**나 추석 같은 명절에 많이 추었어요.

그리고 마을에 잔치가 있거나

힘든 농사일을 시작하기 전에도 추었지요.

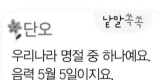

낱말쏙쏙

❀단오

우리나라 명절 중 하나예요.
음력 5월 5일이지요.

오늘날처럼 공연을 펼치는 무대는 따로 없었어요.
마을의 넓은 **빈터**나 마당이 넓은 집, 시장 등
춤판을 벌이면 어느 곳이나 멋진 무대가 되었지요.
춤판은 공연하는 사람과 구경하는 사람이 함께 만들어 갔어요.
공연하는 사람과 구경하는 사람이 말을 주고받고,
한데 어울려 춤도 추면서 말이에요.
이렇게 탈춤은 오랜 세월 우리나라 사람들과
함께해 온 춤이에요.

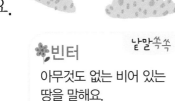

낱말쏙쏙

🌸빈터
아무것도 없는 비어 있는
땅을 말해요.

29

글의 내용을 생각하면서 문제를 풀어 보세요.

1 이 글은 무엇에 대해 쓴 것인가요? 알맞은 것을 찾아 ◯표 해 보세요.

농사

명절

탈춤

2 옛날에는 탈춤을 주로 언제 추었나요? 안에 알맞은 말을 보기 에서 찾아 써 보세요.

단오나 추석 같은 :_____: 에 추었어요.

마을에 :_____: 가 있을 때 추었어요.

힘든 :_____: 을 시작하기 전에 추었어요.

보기   잔치   농사일   명절

3 옛날에 탈춤을 공연한 장소가 <u>아닌</u> 곳을 찾아 ◯표 해 보세요.

시장

마을의 빈터

마당이 넓은 집

무대가 있는 공연장

4 친구들이 이 글을 읽고 알게 된 것을 말하고 있어요. 바르게 말한 친구를 찾아 ◯표 해 보세요.

우리나라 사람들은
옛날부터 춤을
좋아하지 않았구나.

탈춤은 오랜 세월
우리나라 사람들과
함께해 온 춤이구나.

탈춤은 기쁜 일이
있을 때만 추는
춤이구나.

낱말의 뜻을 생각하면서 문제를 풀어 보세요.

상태를 나타내는 말 익히기

1 다음 그림에 어울리는 말을 찾아 색칠해 보세요.

기쁘다
슬프다
즐겁다

좁다
깊다
넓다

뜻이 비슷한 말 익히기

2 밑줄 친 낱말과 바꾸어 쓸 수 있는 말을 찾아 ○표 해 보세요.

춤판은 공연하는 사람과 구경하는 사람이 <u>함께</u> 만들어 갔어요.

더욱   같이   따로

3 다음 두 문장을 어떤 말로 이어 주어야 할까요? 알맞은 말을 찾아 ◯표 해 보세요.

탈춤은 명절에 많이 추었어요.

⬚ 마을에 잔치가 있을 때도 추었어요.

| 그래서 | 왜냐하면 | 그리고 |

4 그림에 어울리는 문장이 되도록 ⬚ 안에 알맞은 말을 **보기** 에서 찾아 써 보세요.

사람들이 ⬚ ⬚ .

사람들이 ⬚ ⬚ .

보기 춤을　　탈을　　써요　　추어요

다지기 마당

'다지기 마당'은 이번 마당에서 읽은 글을 다시 한 번 읽어 보면서 독해력과 어휘력을 다지는 시간입니다. 글과 문제를 꼼꼼히 읽고, 알맞은 답을 찾아 보세요.

❀ 다음 글을 읽고, 물음에 답해 보세요.

> 아침부터 보라네 유치원이 시끌벅적해요.
> 오늘은 '콩쥐 팥쥐' 연극을 공연하는 날이거든요.
> 그런데 보라는 줄곧 기분이 좋지 않았어요.
> 연극에서 팥쥐 역을 맡았기 때문이지요.
> '치, 나도 착하고 예쁜 주인공 콩쥐를 하고 싶은데……'
> 보라는 시큰둥하게 서 있었어요.

1 보라의 기분이 좋지 않은 까닭은 무엇인가요? ⬚ 안에 알맞은 말을 써 보세요.

연극에서 ⬚ 역을 맡아서

2 둘 중에서 알맞은 말을 찾아 색칠해 보세요.

아이들 [이 / 가] 연극 [를 / 을] 공연해요.

❀ 다음 시를 읽고, 물음에 답해 보세요.

> 빙글빙글 돌아라 오른쪽으로
> 빙글빙글 돌아라 왼쪽으로
> 모두 함께 춤추자
> 손에 손 잡고
>
> 깡충깡충 뛰어라 오른쪽으로
> 깡충깡충 뛰어라 왼쪽으로
> 모두 함께 춤추자
> 손에 손 잡고

3 어떤 모습을 나타낸 시인가요? 알맞은 것을 찾아 ◯표 해 보세요.

| 길을 걸어가는 모습 | 춤을 추는 모습 | 노래를 부르는 모습 |

4 그림에 알맞은 흉내 내는 말을 이 시에서 찾아 써 보세요.

35

🌸 다음 글을 읽고, 물음에 답해 보세요.

어제 '아기 돼지 삼 형제'라는 연극을 보았습니다.

아기 돼지 삼 형제는 각자 자기가 살 집을 지었습니다.

첫째 돼지는 짚으로 집을 지었습니다.

둘째 돼지는 나무로 집을 지었습니다.

셋째 돼지는 벽돌로 집을 지었습니다.

그런데 늑대가 나타나 첫째 돼지와 둘째 돼지의 집을 무너뜨려 버렸습니다.

하지만 셋째 돼지의 튼튼한 벽돌집은 무너뜨리지 못했습니다.

5 '나'는 어제 무엇을 했나요? 이 글에서 알맞은 말을 찾아 써 보세요.

친구들과 소극장에서 [　　　　] 을 보았어요.

6 다음 두 문장을 어떤 말로 이어 주어야 할까요? 알맞은 말을 찾아 ◯표 해 보세요.

늑대가 첫째 돼지와 둘째 돼지의 집을 무너뜨렸어요.

[　　　　] 셋째 돼지의 집은 무너뜨리지 못했어요.

그래서　　　　왜냐하면　　　　하지만

🌸 다음 글을 읽고, 물음에 답해 보세요.

탈춤은 탈을 쓰고 추는 춤을 말해요.
옛날부터 우리나라 사람들은 춤을 좋아했어요.
기쁜 일이 있을 때도 춤을 추었고,
슬픈 마음을 달래고 싶을 때도 춤을 추었어요.
그중 하나가 바로 탈춤이에요.
탈춤은 단오나 추석 같은 명절에 많이 추었어요.
그리고 마을에 잔치가 있거나
힘든 농사일을 시작하기 전에도 추었지요.

7 탈춤은 어떤 춤인가요? 이 글에서 알맞은 말을 찾아 써 보세요.

[   ]을 쓰고 추는 춤이에요.

8 다음 그림을 보고, 뜻이 반대되는 말을 찾아 ○표 해 보세요.

기쁘다

반갑다

슬프다

즐겁다

사뿐사뿐 꼬마 발레리나

비슷한 두 그림에서 서로 다른 곳을 찾아보는 놀이예요.

🌸 친구들이 발레를 해요. 두 그림을 잘 보고, 위 그림과 다른 곳을 여덟 군데 찾아 아래 그림에 ⭕표 하세요.

여러 가지 탈

우리나라 탈춤에서 만나 볼 수 있는 탈들을 구경해 보아요.

울퉁불퉁 혹이 나 있는 탈, 우스꽝스럽게 생긴 탈,

무서운 표정을 짓고 있는 탈 등 탈춤에 쓰이는 탈의 모양은 제각각이에요.

이야기에 나오는 인물의 성격이나 나이 등에 따라 모양뿐만 아니라 색깔도 달랐지요.

탈을 만드는 재료 또한 종이, 나무, 바가지 등으로 다양했답니다.

〈우리나라의 전통 탈〉

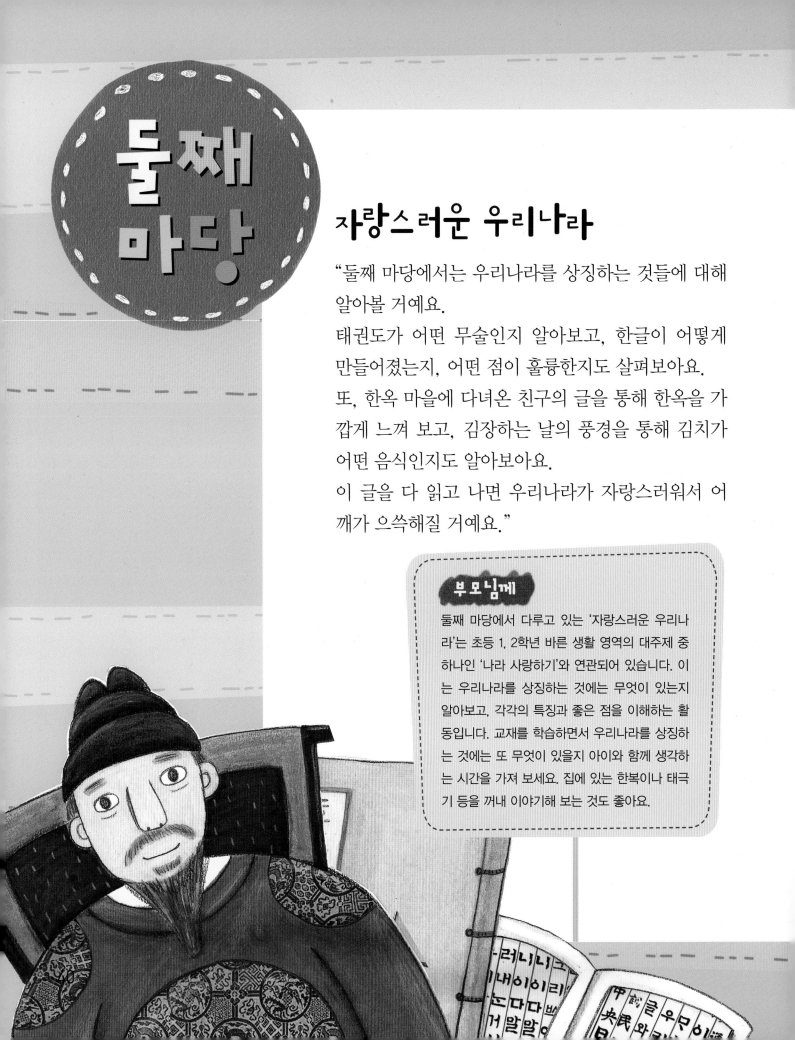

둘째 마당

자랑스러운 우리나라

"둘째 마당에서는 우리나라를 상징하는 것들에 대해 알아볼 거예요.

태권도가 어떤 무술인지 알아보고, 한글이 어떻게 만들어졌는지, 어떤 점이 훌륭한지도 살펴보아요.

또, 한옥 마을에 다녀온 친구의 글을 통해 한옥을 가깝게 느껴 보고, 김장하는 날의 풍경을 통해 김치가 어떤 음식인지도 알아보아요.

이 글을 다 읽고 나면 우리나라가 자랑스러워서 어깨가 으쓱해질 거예요."

부모님께

둘째 마당에서 다루고 있는 '자랑스러운 우리나라'는 초등 1, 2학년 바른 생활 영역의 대주제 중 하나인 '나라 사랑하기'와 연관되어 있습니다. 이는 우리나라를 상징하는 것에는 무엇이 있는지 알아보고, 각각의 특징과 좋은 점을 이해하는 활동입니다. 교재를 학습하면서 우리나라를 상징하는 것에는 또 무엇이 있을지 아이와 함께 생각하는 시간을 가져 보세요. 집에 있는 한복이나 태극기 등을 꺼내 이야기해 보는 것도 좋아요.

마당길잡이

교과영역	바른 생활	✔ 슬기로운 생활	즐거운 생활

순서	글감 제목	글감 내용	이렇게 읽어요
첫째 날	나는야 태권 소년 (이야기)	태권도를 배우러 도장에 간 단우의 이야기를 통해 태권도에 대해 알아보아요.	인물이 겪은 일과 느낀 점이 무엇인지 생각하며 읽어요.
둘째 날	한글은 우리 글 (설명하는 글)	한글은 누가 만들었으며, 어떤 특징이 있는지 알아보아요.	중요한 내용을 정리하며 읽어요.
셋째 날	한옥 마을에 다녀와서 (견학 기록문)	한옥 마을에 다녀온 아이의 글을 읽고, 한옥의 좋은 점은 무엇인지 알아보아요.	글쓴이가 본 것과 들은 것, 생각한 것이 무엇인지 생각하며 읽어요.
넷째 날	즐거운 김장 날 (이야기)	온 가족이 모여 김장을 담그는 모습을 통해 전통 음식인 김치에 대해 알아보아요.	각각의 인물이 한 말과 인물들의 마음을 생각하며 읽어요.
다섯째 날	다지기 마당	앞에서 공부한 내용을 다시 한 번 확인해 보아요.	
	놀이 마당	우리나라를 상징하는 물건들을 찾아보아요.	
	정보 마당	우리나라를 상징하는 태극기와 무궁화, 애국가에 대하여 알아보아요.	

나는야 태권 소년

"에이, 시시해. 이게 뭐야?"

단우는 기본자세를 연습하다 말고, 입이 잔뜩 나와서 중얼거렸어요.

"단우야, 왜 그래?"

옆에 있던 기윤이가 물었어요.

"난 도장에 오면 멋진 도복에 검은 띠를 매고,

나무판도 깨고, 벽돌 깨는 법도 배우고 그럴 줄 알았어."

"사실은 나도 빨리 멋진 무술을 배워서

정욱이 녀석을 혼내 주고 싶어."

"이 녀석들! 태권도는 남과 싸우기 위한 **무술**이 아니야."

어느새 사범님이 단우와 기윤이 뒤에 서 계셨지요.

낱말쏙쏙

✿ **무술**

무기 쓰기, 주먹질, 발길질, 말달리기처럼 무사가 갖추는 기술이라는 뜻이에요.

"그럼 뭐 하러 태권도를 배워요?"

단우와 기윤이가 이상하다는 듯 사범님을 바라보았어요.

"태권도는 아주 옛날부터 내려온 우리나라 고유의 무술이야.

태권도의 목적은 튼튼한 몸과 마음,

그리고 예절바른 태도를 기르는 것이지.

너희가 태권도의 정신을 제대로 알고,

태권도를 배우면 좋겠구나."

단우와 기윤이는 부끄러웠어요.

"저희가 잘못했어요.

이제부터는 **불평하지** 않고, 기본부터 열심히 할게요!"

낱말쏙쏙

🌸 **불평하다**
못마땅한 것을 말이나 행동
으로 드러낸다는 뜻이에요.

43

글의 내용을 생각하면서 문제를 풀어 보세요.

1 이 글에 나오는 사람은 누구인가요? 알맞은 인물을 모두 찾아 ○표 해 보세요.

단우

기윤

정욱

사범님

2 단우는 무엇을 배우러 도장에 갔나요? 알맞은 것을 찾아 ○표 해 보세요.

권투

태권도

검도

3 단우는 왜 태권도를 배우고 싶어 했나요? 알맞은 것을 모두 찾아 색칠해 보세요.

> 벽돌 깨는 법을 배우고 싶었어요.

> 기윤이를 이기고 싶었어요.

> 멋진 도복에 검은 띠를 매고 싶었어요.

4 사범님은 태권도가 어떤 무술이라고 하셨나요? 알맞은 것을 모두 찾아 ○표 해 보세요.

> 태권도는 싸움을 잘 하기 위한 무술이야.

> 태권도의 목적은 예절바른 태도를 배우는 거야.

> 태권도는 몸과 마음을 튼튼하게 하는 무술이야.

낱말의 뜻을 생각하면서 문제를 풀어 보세요.

높임말 익히기

1 바른 문장이 되도록 알맞은 말을 찾아 색칠해 보세요.

사범님께서
말
말씀
하셨어요.

"사범님,
우리
저희
가 잘못했어요."

소리는 같지만 뜻이 다른 말 익히기

2 보기 의 밑줄 친 낱말과 뜻이 같은 것은 무엇인가요? 알맞은 것을 찾아 ○표 해 보세요.

보기
단우는 태권도 <u>도장</u>에 갔어요.

내 이름이 새겨진 도장을 받았어요.

엄마는 통장과 도장을 가지고 은행에 가셨어요.

나는 내일부터 합기도 도장에 다닐 거에요.

3 보기 와 같이 다음 문장을 바꾸어 써 보세요.

보기

도복이 멋지다. → 　멋진　 도복

몸이 튼튼하다. → 　　　　　 몸

4 그림에 어울리는 문장이 되도록 보기 에서 알맞은 말을 찾아 써 보세요.

벽돌을 　　　　　.

사범님의 말씀을 　　　　　.

보기　　　깨요　　　들어요　　　보아요

한글은 우리 글

한글을 누가 만들었는지 알고 있나요?

한글을 만든 사람은 바로 세종대왕이에요.

그때 우리나라에서는 중국의 글자인 한자를 쓰고 있었어요.

그런데 한자는 너무 어려워서

일반 **백성**들이 배우기가 무척 힘들었어요.

세종대왕은 이것을 늘 안타깝게 생각했어요.

그래서 학자들과 함께 '훈민정음'을 만들었지요.

훈민정음은 '백성을 가르치는 바른 소리'라는 뜻이에요.

훈민정음은 나중에 '한글'이라는 이름으로 바뀌었어요.

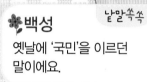

✿백성

낱말쏙쏙

옛날에 '국민'을 이르던
말이에요.

기관
생물의 몸에서 일정한 모양과 기능을 가지고 있는 부분을 뜻하는 말이에요.

낱말쏙쏙

한글은 '우리나라의 글', '큰 글',
'세상에서 첫째가는 글'이라는 뜻이에요.
한글은 자음 14자와 모음 10자로 이루어져 있어요.
자음은 'ㄱ, ㄴ, ㄷ, ㄹ, ㅁ, ㅂ, ㅅ, ㅇ, ㅈ, ㅊ, ㅋ, ㅌ, ㅍ, ㅎ'
으로 혀, 목구멍, 입술처럼 소리가 나는
기관의 모양을 본떠 만들었지요.
모음은 'ㅏ, ㅑ, ㅓ, ㅕ, ㅗ, ㅛ, ㅜ, ㅠ, ㅡ, ㅣ'에요.
하늘과 땅, 사람을 뜻하는 'ㆍ, ㅡ, ㅣ' 세 글자를 합쳐서 만든 것이지요.
이렇게 만든 한글은 오늘날 전 세계에서
우수한 글자로 인정받고 있답니다.

글의 내용을 생각하면서 문제를 풀어 보세요.

1 한글을 처음 만든 사람은 누구인가요? 알맞은 사람을 찾아 ◯표 해 보세요.

세종대왕　　　　중국의 왕　　　　이순신 장군

2 '한글'이라는 이름에 담긴 뜻은 무엇인가요? 바르게 말한 것을 모두 찾아
◯ 안에 색칠해 보세요.

큰 글 ◯　　　　중국의 글 ◯

우리나라의
글 ◯

세상에서
첫째가는
글 ◯

3 다음을 보고, 관계있는 것끼리 찾아 줄로 연결해 보세요.

ㄱ, ㄴ, ㄷ, ㄹ,
ㅁ, ㅂ, ㅅ, ㅇ,
ㅈ, ㅊ, ㅋ, ㅌ,
ㅍ, ㅎ

•   •   자음   •   •   하늘과 땅,
사람을 뜻해요.

ㅏ, ㅑ, ㅓ, ㅕ,
ㅗ, ㅛ, ㅜ, ㅠ,
ㅡ, ㅣ

•   •   모음   •   •   소리가 나는
기관의 모양을
본떠 만들었어요.

4 한글에 대해 바르게 이야기한 친구를 모두 찾아 ◯표 해 보세요.

처음 이름은
'훈민정음'이었어.

한글은
자음으로만
이루어졌어.

한글은
우수한 글자로
인정받고 있어.

낱말의 뜻을 생각하면서 문제를 풀어 보세요.

을, 를 익히기

1 바른 문장이 되도록 알맞은 낱말을 찾아 색칠해 보세요.

책 │ 을 │ 읽어요.
　 │ 를 │

글자 │ 을 │ 써요.
　　 │ 를 │

반대말 익히기

2 밑줄 친 말과 뜻이 반대되는 말을 보기 에서 찾아 써 보세요.

어려워요　　　↔　　　[ ]

보기　　배워요　　쉬워요　　힘들어요

3 바른 문장이 되도록 보기 에서 알맞은 말을 찾아 써 보세요.

세종대왕은 [　　　　　] 만들었나요?

→ 한글을 만들었어요.

[　　　　　] 한글을 만들었나요?

→ 세종대왕이 만들었어요.

보기　　　 누가　　　　　무엇을

4 (　　　) 안의 낱말들을 이용하여 알맞은 문장이 되도록 써 보세요.

(한글을, 만들었어요.)

세종대왕이

[　　　　] [　　　　] .

(배워요, 아이들이)

[　　　　] 글을 [　　　　] .

한옥 마을에 다녀와서

아빠, 엄마, 언니와 함께 한옥 마을에 다녀왔다.
한옥 마을에는 크고 멋진 기와집들이 늘어서 있었다.
"우아, 한옥이 정말 크네요."
"그것뿐인 줄 아니? 좋은 점이 얼마나 많다고."
엄마는 **온돌**과 마루를 함께 쓴 것이
한옥의 가장 큰 특징이라고 말씀해 주셨다.
그래서 우리 조상들은 여름은 시원한 마루에서,
겨울은 따뜻한 온돌에서 지냈다고 한다.
그리고 신발을 벗고 집 안에서 생활한 것도
건강에 아주 좋은 것이었다고 한다.

낱말쏙쏙

❀온돌

불 기운이 방 밑을 통과하여
방을 따뜻하게 하는 장치를
뜻하는 말이에요.

54

우리는 하룻밤 자고 가기로 한 기와집으로 갔다.

나는 온돌방, 마루, **아궁이** 등을 열심히 들여다보았다.

집 안 구석구석이 다 신기해 보였다.

이런 집을 지은 조상들이 무척 대단하게 느껴졌다.

그날 밤, 따뜻한 온돌방에 누워 있다가

문득 미래의 사람들은 어떤 집에서 살까 궁금해졌다.

그리고 그 사람들은 우리가 살던 아파트를 구경하면서

어떤 생각을 할지 알고 싶어졌다.

🌸**아궁이**　　낱말쏙쏙

방·가마·솥 따위를 덥히려고 장작 등을 넣고 불을 지피는 구멍을 뜻하는 말이에요.

글의 내용을 생각하면서 문제를 풀어 보세요.

1 '나'가 오늘 간 곳은 어디인지 찾아 ○표 해 보세요.

한옥 마을

이사 갈 아파트

민속촌

2 엄마가 한옥에 대해 말씀해 주신 것은 무엇인가요? 알맞은 것을 모두 찾아 ○표 해 보세요.

초가집은 작아서 볼품이 없단다.

온돌과 마루를 함께 쓴 것이 한옥의 가장 큰 특징이란다.

신발을 벗고 집 안에서 생활한 것도 건강에 좋은 것이었단다.

3 '나'는 기와집에 들어가서 무엇을 보았나요? 알맞은 것을 모두 찾아 ○표 해 보세요.

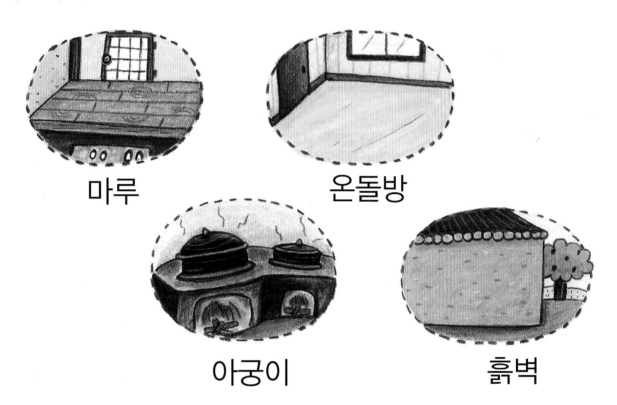

마루

온돌방

아궁이

흙벽

4 '나'는 한옥 마을과 기와집을 둘러보고 어떤 생각을 하였나요? 알맞은 것을 찾아 ○표 해 보세요.

한옥은 너무 불편해. 역시 아파트가 좋아.

한옥을 지은 조상들이 정말 대단해.

낱말의 뜻을 생각하면서 문제를 풀어 보세요.

관계있는 낱말 익히기

1 밑줄 친 낱말과 관계있는 말을 모두 찾아 ◯표 해 보세요.

아빠, 엄마, 언니와 함께 **한옥** 마을에 다녀왔다.

온돌

아파트

기와집

마루

꾸며 주는 말 익히기

2 ☐ 안에 어울리는 말은 무엇인가요? 알맞은 것을 모두 찾아 색칠해 보세요.

신발을 벗고 집 안에서
생활하는 것은 건강에
☐ 좋단다.

아주   전혀

무척   비록

가리키는 말 익히기

3 밑줄 친 말이 가리키는 것은 무엇인가요? 알맞은 것을 찾아 ◯표 해 보세요.

문득 미래의 사람들은 어떤 집에서 살까 궁금해졌다.
그리고 그 <u>사람들</u>은 우리가 살던 아파트를 구경하면서
어떤 생각을 할지 알고 싶어졌다.

| 과거의 사람들 | 요즘 사람들 | 미래의 사람들 |

시간을 나타내는 말 익히기

4 바른 문장이 되도록 보기 에서 알맞은 말을 찾아 써 보세요.

한옥에서 [   ] .

아파트에서 [   ] .

보기   옛날에는   지금은   살아요   살았어요

59

즐거운 김장 날

🌸김장

겨우내 먹기 위하여 김치를 한꺼번에 많이 담그는 일을 말해요.

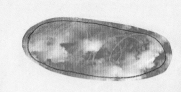

오늘은 채슬이네 집 **김장**하는 날이에요.

"어미야, 얼른 배추 가져오너라."

할머니 말씀에 엄마와 아빠가 낑낑거리며 배추를 나릅니다.

어제 미리 소금물에 절여 놓은 배추입니다.

"우아! 할머니, 배추가 정말 많네요."

"많긴. 1년 동안 먹으려면 이 정도는 있어야지."

채슬이가 할머니 곁에 바짝 앉으며 말합니다.

"헤헤, 전 할머니표 김치가 제일 맛있어요!"

채슬이가 웃자 할머니도 빙긋 웃으십니다.

엄마가 배추에 넣을 <u>소</u>를 가져오십니다.
무채와 다른 채소들을 고춧가루로 버무린 것입니다.
어제 배추를 절인 후, 엄마가 열심히 만드셨지요.
할머니와 엄마는 쓱쓱 배추에 소를 바르십니다.
"할머니, 다음에는 깍두기랑 오이소박이도 해 주실 거죠?"
"그럼, 많이만 먹어라.
김치는 맛도 좋고 건강에도 좋은 전통 음식이란다."
"저도 알아요. 유치원에서 배웠거든요!"
힘은 들어도 채슬이네 가족은 즐겁습니다.

낱말쏙쏙
🌸 소
통김치나 오이소박이김치
따위의 속에 넣는 것으로,
여러 가지 채소를 고춧가루에
버무린 것이에요.

글의 내용을 생각하면서 문제를 풀어 보세요.

1 채슬이네 가족은 무엇을 했나요? 알맞은 것을 찾아 ◯표 해 보세요.

대청소

생일잔치

김장

2 채슬이는 누가 해 준 김치가 가장 맛있다고 했나요? 알맞은 사람을 찾아 ◯표 해 보세요.

엄마

아빠

할머니

유치원 선생님

3 김장을 하는 차례대로 ⬚ 안에 번호를 써 보세요.

4 김치에 대해 말한 것으로 알맞은 것은 무엇인가요? 알맞은 것을 모두 찾아
◯표 해 보세요.

김치는 맛도 좋고 건강에도 좋아.

김치는 우리나라 전통 음식이야.

김치는 너무 매워서 아이들은 안 먹는 게 좋아.

낱말의 뜻을 생각하면서 문제를 풀어 보세요.

1 다음 낱말 중에서 나머지 셋을 포함하는 낱말은 무엇인가요? 알맞은 것을 찾아 ◯표 해 보세요.

깍두기

김치

배추김치

오이소박이

2 바른 문장이 되도록 보기 에서 알맞은 말을 찾아 써 보세요.

할머니께서 ☐☐☐☐ 웃으세요.

배추에 ☐☐☐☐ 소를 발라요.

보기   빙긋   쓱쓱   쿵쿵

3 보기 와 같이 ⬚ 안에 알맞은 말을 써 보세요.

보기

배추를 소금물에 절여요.

→ 소금물에 ⟦ 절인 ⟧ 배추

채소를 고춧가루에 버무려요.

→ 고춧가루로 ⟦　　　⟧ 채소

4 바른 문장이 되도록 알맞은 말을 찾아 (　　　) 안에 ○표 해 보세요.

채슬이가 웃어요.
그러자 할머니도 웃으세요.
→ 채슬이가 (웃어도 / 웃자) 할머니도 웃으세요.

김치는 맛이 좋아요.
그리고 건강에도 좋아요.
→ 김치는 맛이 (좋고 / 좋지만) 건강에도 좋아요.

다지기 마당은 이번 마당에서 읽은 글을 다시 한 번 읽어 보면서 독해력과 어휘력을 다지는 시간입니다. 글과 문제를 꼼꼼히 읽고, 알맞은 답을 찾아 보세요.

❀ 다음 글을 읽고, 물음에 답해 보세요.

"이 녀석들! 태권도는 남과 싸우기 위한 무술이 아니야."
어느새 사범님이 단우와 기윤이 뒤에 서 계셨지요.
"그럼 뭐 하러 태권도를 배워요?"
단우와 기윤이가 이상하다는 듯 사범님을 바라보았어요.
"태권도는 아주 옛날부터 내려온 우리나라 고유의 무술이야.
태권도의 목적은 튼튼한 몸과 마음, 그리고 예절바른 태도를 기르는 것이지.
너희가 태권도의 정신을 제대로 알고, 태권도를 배우면 좋겠구나."

① 사범님과 단우, 기윤이는 무엇에 대해 이야기를 하고 있나요? 알맞은 말을 윗글에서 찾아 써 보세요.

□□□□□□□□ 의 목적

② 다음 밑줄 친 말과 바꾸어 쓸 수 있는 말을 찾아 ○표 하세요.

튼튼한 몸과 마음

정신   신체   머리

66

✿ 다음 글을 읽고, 물음에 답해 보세요.

> 한글은 '우리나라의 글', '큰 글',
> '세상에서 첫째가는 글'이라는 뜻이에요.
> 한글은 자음 14자와 모음 10자로 이루어져 있어요.
> 자음은 'ㄱ, ㄴ, ㄷ, ㄹ, ㅁ, ㅂ, ㅅ, ㅇ, ㅈ, ㅊ, ㅋ, ㅌ, ㅍ, ㅎ'
> 으로 혀, 목구멍, 입술처럼 소리가 나는
> 기관의 모양을 본떠 만들었지요.
> 모음은 'ㅏ, ㅑ, ㅓ, ㅕ, ㅗ, ㅛ, ㅜ, ㅠ, ㅡ, ㅣ'이에요.
> 하늘과 땅, 사람을 뜻하는 'ㆍ, ㅡ, ㅣ 세 글자를 합쳐서 만든 것이지요.
> 이렇게 만든 한글은 오늘날 전 세계에서
> 우수한 글자로 인정받고 있답니다.

3 이 글은 무엇에 대해 쓴 글인가요? 알맞은 것을 찾아 ◯표 해보세요.

| 한글 | 한자 | 세종대왕 |

4 다음 중에서 자음이 **아닌** 글자를 모두 찾아 (   ) 안에 써 보세요.

ㄱ   ㅁ   ㅏ   ㅅ   ㅍ   ㅠ   ㅎ

(   )

✿ 다음 글을 읽고, 물음에 답해 보세요.

아빠, 엄마, 언니와 함께 한옥 마을에 다녀왔다.
한옥 마을에는 크고 멋진 기와집들이 늘어서 있었다.
"우아, 한옥이 정말 크네요."
"그것뿐인 줄 아니? 좋은 점이 얼마나 많다고."

엄마는 온돌과 마루를 함께 쓴 것이
한옥의 가장 큰 특징이라고 말씀해 주셨다.
그래서 우리 조상들은 여름은 시원한 마루에서,
겨울은 따뜻한 온돌에서 지냈다고 한다.

5 우리 조상들은 여름과 겨울을 각각 어디에서 지냈다고 하였나요? 알맞은 것을 찾아 줄로 이으세요.

◉ 여름 •　　　　　　• 따뜻한 온돌

◉ 겨울 •　　　　　　• 시원한 마루

6 다음 그림에서 '기와집'을 나타내는 그림을 찾아 ◯표 해 보세요.

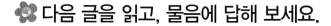

🌸 다음 글을 읽고, 물음에 답해 보세요.

> 오늘은 채슬이네 집 김장하는 날이에요.
> "어미야, 얼른 배추 가져오너라."
> 할머니 말씀에 엄마와 아빠가 낑낑거리며 배추를 나릅니다.
> 어제 미리 소금물에 절여 놓은 배추입니다.
>
>
>
> "우아! 할머니, 배추가 정말 많네요."
> "많긴. 1년 동안 먹으려면 이 정도는 있어야지."
> 채슬이가 할머니 곁에 바짝 앉으며 말합니다.
> "헤헤, 전 할머니표 김치가 제일 맛있어요!"
> 채슬이가 웃자 할머니도 빙긋 웃으십니다.

7 채슬이네 가족은 오늘 무엇을 했나요? 바르게 말한 것을 찾아 ○표 해 보세요.

 김장을 했어요.

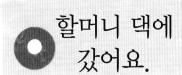 할머니 댁에 갔어요.

 시장에 갔어요.

8 다음 글에서 밑줄 친 말이 가리키는 사람은 누구인지 찾아 (　　) 안에 써 보세요.

> **"어미야**, 얼른 배추 가져오너라."
> 할머니 말씀에 엄마와 아빠가 낑낑거리며 배추를 나릅니다.

(　　　　)

고조선을 세운 단군

단군 신화의 그림 속에 숨어 있는 그림들을 찾아보는 놀이예요.

🌸 환웅과 웅녀의 아들인 단군은 고조선을 세운 우리의 시조예요. 그런데 단군 신화 속에 우리나라를 상징하는 것들이 숨어 있네요. 그림을 잘 보고, 숨어 있는 그림들을 찾아보세요.

우리나라의 상징

우리나라 하면 떠오르는 것은 또 무엇이 있을까요? 우리나라를 상징하는 것들에 대해 알아보아요.

◆ 태극기는 대한민국의 국기예요. 흰 바탕의 한가운데 붉은색과 푸른색으로 이루어진 태극이 있고, 네 모서리에 검은색의 사괘(건, 곤, 감, 리)가 있어요. 조선 고종 때 박영효라는 사람이 처음 사용한 후에 정식으로 우리나라의 국기가 되었지요.

◆ 우리 민족은 예로부터 무궁화를 하늘나라의 꽃으로 귀하게 여겼어요. 대한민국의 국화인 무궁화는 영원히 피고 또 피어서 지지 않는 꽃이라는 뜻을 가지고 있지요. 무궁화는 7월부터 10월까지 약 백 일 동안 날마다 새 꽃을 피운답니다.

◆ '동해물과 백두산이 마르고 닳도록'으로 시작하는 애국가는 대한민국의 국가예요. 원래는 스코틀랜드의 민요에 이 노랫말을 붙여 불렀대요. 그러다가 1936년에 안익태라는 사람이 지금과 같은 곡을 만든 것이지요. 애국가는 1948년에 대한민국 정부가 수립되면서 대한민국의 정식 국가가 되었답니다.

셋째 마당

계절과 생활

"셋째 마당에서는 계절에 대한 여러 가지 글을 읽어
볼 거예요.
봄에 대해 쓴 동시도 읽고, 여름 방학에 할머니 댁
에 간 친구가 엄마에게 보낸 편지도 함께 읽어요.
또, 풍성한 가을을 느낄 수 있는 이야기도 읽고,
동물들이 추운 겨울을 보내는 방법도 알아보아요.
이 글을 읽고 나면 사계절의 특징과 아름다움을 더
잘 느끼게 될 거예요."

마당길잡이

교과영역	바른 생활	✔ 슬기로운 생활	즐거운 생활

순서	글감 제목	글감 내용	이렇게 읽어요
첫째 날	봄 (동시)	봄이 찾아온 느낌을 나타낸 시를 읽으며 따뜻한 봄을 느껴 보아요.	내용에 어울리는 장면을 떠올리며 읽어요.
둘째 날	신 나는 여름 방학 (편지)	무더운 여름을 신 나게 보내는 아이의 편지를 보며 여름의 생활에 대해 알아보아요.	글을 쓴 목적을 생각하며 읽어요.
셋째 날	누렇게 물든 가을 들판 (이야기)	농촌에 사는 아이의 이야기를 통해 농촌의 가을 풍경을 알아보아요.	이야기의 배경과 인물의 마음을 생각하며 읽어요.
넷째 날	동물들의 겨울나기 (설명하는 글)	동물들이 추운 겨울을 어떻게 보내는지 알아보아요.	중요한 내용을 정리하며 읽어요.

다섯째 날	다지기 마당	앞에서 공부한 내용을 다시 한 번 확인해 보아요.
	놀이 마당	계절에 어울리지 않는 모습을 찾아보아요.
	정보 마당	계절이 생기는 까닭을 알아보아요.

봄

개구리야, 개구리야,
어디 가니?
쿨쿨 겨울잠 자는 친구들에게
반가운 봄소식 알리러 간단다.

나비야, 나비야,
어디 가니?
활짝 웃으며 날 기다리는
예쁜 봄꽃 만나러 간단다.

낱말쏙쏙

🌸**활짝**
밝게 웃는 모양을
나타낸 말이에요.

74

바람아, 바람아,
어디 가니?
깊은 **산골** 사는 아이들에게
따뜻한 봄바람 전하러 간단다.

애들아, 애들아,
어디 가니?
파릇파릇 새싹 돋은 동산으로
즐거운 봄 소풍 간단다.

낱말쏙쏙
🌸**산골**
깊은 산속을 말해요.

75

글의 내용을 생각하면서 문제를 풀어 보세요.

1 이 시와 어울리는 계절은 언제인가요? 알맞은 계절을 찾아 ◯표 해 보세요.

 봄
 여름
 가을
 겨울

2 이 시를 읽고, 떠오르는 장면으로 알맞지 <u>않은</u> 것을 찾아 ◯표 해 보세요.

3 이 시에서 누가 무엇을 하러 간다고 했나요? 바르게 연결해 보세요.

개구리 •

나비 •

바람 •

아이들 •

• 봄꽃을 만나러 가요.

• 깊은 산골에 봄바람을 전하러 가요.

• 겨울잠 자는 친구들을 깨우러 가요.

• 동산으로 봄 소풍을 가요.

4 이 시에 대해 바르게 말한 친구를 찾아 ○표 해 보세요.

봄이 지나가는 것을 아쉬워하는 마음이 잘 나타났어요.

봄과 여름의 다른 점이 자세하게 나타났어요.

따뜻한 봄이 찾아온 느낌이 잘 나타났어요.

낱말의 뜻을 생각하면서 문제를 풀어 보세요.

1 다음 그림에 어울리는 말을 찾아 색칠해 보세요.

예쁜
빠른 꽃

짧은
깊은 산골

2 보기 처럼 두 낱말을 합쳐 새로운 낱말을 만들어 보세요.

보기

봄 + 소식 = 봄 소 식

봄 + 바람 =

겨울 + 잠 =

78

3 ☐ 안에 알맞은 문장 부호를 보기 에서 찾아 써 보세요.

나비야 ☐ 어디 가니 ☐☐

보기   ?   ,   "

4 다음 그림에 어울리는 알맞은 말을 보기 에서 찾아 써 보세요.

새싹이 ☐ 돋았어요.

다람쥐가 ☐ 겨울잠을 자요.

보기   아장아장   쿨쿨   파릇파릇

신 나는 여름 방학

사랑하는 엄마에게
엄마, 지수예요.
저는 할머니 댁에서 잘 지내고 있어요.
언니랑 한 번도 싸우지 않고요.
어제는 할머니, 외삼촌, 외숙모, 언니랑 해수욕장에 갔어요.
우리는 신 나게 수영을 하고, 모래 놀이도 했어요.
또, **갯벌**에도 갔어요. 거기서 게를 잡고, 조개도 캤어요.
저는 손톱만큼 작은 게들이 흙 속으로
들어갔다 나왔다 하는 모습이 가장 재미있었어요.

낱말쏙쏙

🌸 **갯벌**
바닷물이 들어왔다 나갔다 하는 넓은 땅을 말해요.

80

저녁에 할머니께서 우리가 캔 조개를 넣고
수제비를 만들어 주셨어요.
제가 캔 조개가 들어 있다고 생각하니 더 맛있었어요.
내일은 계곡에 갈 거예요.
여기서 알게 된 친구 집에도 놀러 가기로 했어요.
엄마, 할머니 댁에서 노는 건 정말 재미있어요.
하지만 엄마가 보고 싶어서 빨리 집에 가고 싶어요.
엄마랑 피아노도 치고 싶고요.
엄마, 사랑해요. 집에 갈 때까지 안녕히 계세요.

○○월 ○○일
지수 올림

글의 내용을 생각하면서 문제를 풀어 보세요.

1 누가 누구에게 쓴 편지인가요? 바르게 말한 것을 찾아 색칠해 보세요.

할머니가 지수에게

지수가 언니에게

지수가 엄마에게

2 지수는 지금 어디에 가 있나요? 알맞은 곳을 찾아 ◯표 해 보세요.

유치원

할머니 댁

수영장

계곡

3 지수가 어제 한 일이 **아닌** 것은 무엇인가요? 알맞은 것을 찾아 ⃝표 해 보세요.

수영을 했어요.

조개를 캤어요.

피아노를 쳤어요.

모래 놀이를 했어요.

4 지수가 이 편지를 통해 엄마에게 하고 싶은 말은 무엇인가요? 알맞은 것을 찾아 ⃝표 해 보세요.

갯벌에 가서 조개를 캐고 싶어요.

할머니 댁에서 잘 지내고 있어요.

언니와 함께 수영을 배우게 해 주세요.

낱말의 뜻을 생각하면서 문제를 풀어 보세요.

높임말 익히기

1 이 글에서 지수는 어디에 갔나요? 알맞은 말을 찾아 색칠해 보세요.

할머니
┌─────┐
│ 댁 │
├─────┤
│ 집 │
└─────┘

친구
┌─────┐
│ 댁 │
├─────┤
│ 집 │
└─────┘

뜻이 비슷한 말 익히기

2 밑줄 친 낱말과 바꾸어 쓸 수 있는 말을 찾아 ◯표 해 보세요.

언니랑 한 번도 **싸우지** 않았어요.

┌─────┐ ┌─────┐ ┌─────┐
│ 놀지 │ │ 다투지 │ │ 말하지 │
└─────┘ └─────┘ └─────┘

빨리 집에 가고 싶어요.

┌─────┐ ┌─────┐ ┌─────┐
│ 다시 │ │ 아직 │ │ 어서 │
└─────┘ └─────┘ └─────┘

3 바른 문장이 되도록 어울리는 것끼리 연결해 보세요.

어제 •

내일 •

• 계곡에 갈 거예요.

• 해수욕장에 갔어요.

4 보기 와 같이 (   ) 안의 말을 알맞게 바꾸어 문장을 완성해 보세요.

보기

• 지수가 (집, 피아노) 쳐요.

지수가 | 집에서 | 피아노를 | 쳐요.

• 지수가 (바다, 수영) 해요.

지수가 | | | 해요.

• 언니가 (갯벌, 게) 잡아요.

언니가 | | | 잡아요.

누렇게 물든 가을 들판

요즘 들어 현우는 집에 혼자 있을 때가 많아요.
가을이 되니 아빠, 엄마가 더욱 바빠지셨거든요.
봄에 심어 여름내 가꾼 **곡식**들을 거두시느라고요.
오늘도 아빠, 엄마는 논에 벼를 베러 가셨어요.
현우는 열심히 일하고 계실 아빠, 엄마 얼굴이 떠올랐어요.
"옳지!"
현우는 좋은 생각이 난 듯 부엌으로 갔어요.
그러고는 식혜가 담긴 큼직한 병을 들고 집을 나섰지요.
강아지 돌돌이도 현우 뒤를 졸랑졸랑 따라왔어요.

낱말쏙쏙

🌸곡식
쌀, 보리, 콩 같은
먹을거리를 말해요.

논에 가니, 아빠와 엄마가 한창 벼를 베고 계셨어요.
"엄마, 힘드시죠?"
"힘들긴, 이렇게 보고만 있어도 배가 부른걸."
엄마는 빙긋 웃으며 누렇게 물든 논을 바라보셨어요.
정말 아빠, 엄마가 봄부터 가꾼 벼가 잘 자라
누렇게 익은 것을 보니 왠지 마음이 **흐뭇했어요.**
"참, 엄마! 이것 드세요."
현우가 엄마에게 식혜를 내밀었어요.
"아이고, 우리 현우 다 컸네!"
엄마는 현우를 꼭 안아 주셨어요.

낱말쏙쏙
✿흐뭇했어요
(흐뭇하다)
기분이 아주 좋다는
말이에요.

87

글의 내용을 생각하면서 문제를 풀어 보세요.

1 아빠, 엄마는 가을이 되자 왜 더욱 바빠지셨나요? 바르게 말한 것을 찾아 ◯표 해 보세요.

| 현우를
돌보시느라고 | 곡식들을
거두시느라고 | 시골을 떠날 준비를
하시느라고 |

2 현우가 식혜를 챙긴 까닭은 무엇인가요? 알맞은 것을 찾아 ◯표 해 보세요.

강아지에게 주려고

아빠, 엄마에게 갖다 드리려고

친구와 나눠 먹으려고

3 아빠, 엄마는 논에서 무엇을 하고 계셨나요? 알맞은 것을 찾아 ⭕표 해 보세요.

벼농사를 지으려고
논을 갈았어요.

논에 모를 심었어요.

누렇게 익은 벼를
벴어요.

논에 있는 잡초를
뽑았어요.

4 현우는 누렇게 익은 벼를 보고 어떤 마음이 들었나요? 바르게 말한 것을 찾아 ◯ 안에 색칠해 보세요.

마음이 흐뭇했어요. ◯

마음이 조마조마했어요. ◯

마음이 쓸쓸했어요. ◯

낱말의 뜻을 생각하면서 문제를 풀어 보세요.

부사 익히기

1 ⬚ 안의 말에 어울리는 그림을 찾아 〇표 해 보세요.

혼자

위치를 나타내는 말 익히기

2 다음 그림을 보고, 바른 문장이 되도록 알맞은 말을 찾아 색칠해 보세요.

강아지가 ⬚ 위 / 뒤 ⬚ 를 따라와요.

현우가 엄마 ⬚ 옆 / 앞 ⬚ 에 서 있어요.

3 보기 와 같이 ⎡⎤ 안에 알맞은 말을 써 보세요.

보기

햇볕이 내리쬐어요.

뜨겁게 ⎡ 내리쬐어요 ⎤ .

벼가 익었어요.

누렇게 ⎡   ⎤ .

4 보기 와 같이 그림에 알맞은 문장이 되도록 바르게 고쳐 써 보세요.

보기

흔들어요 / 꼬리를 / 강아지가

⎡ 강아지가 ⎤ ⎡ 꼬리를 ⎤ ⎡ 흔들어요 ⎤ .

부엌으로 / 가요 / 현우가

⎡   ⎤ ⎡   ⎤ ⎡   ⎤ .

베어요 / 아빠가 / 벼를

⎡   ⎤ ⎡   ⎤ ⎡   ⎤ .

동물들의 겨울나기

찬 바람이 쌩쌩 불고 하얀 눈이 펑펑 내리는
겨울이 오면 우리는 어떻게 하나요?
두꺼운 옷을 입고 따뜻한 털장갑도 끼며 추위를 이기지요.
그러면 동물들은 추운 겨울을 어떻게 보낼까요?
곰은 겨울이 오기 전 먹이를 배불리 먹어 두어요.
그리고 날씨가 추워지면 동굴 속에서 겨울잠 을 자지요.
고슴도치도 나뭇잎으로 만든 집에서 몸을 둥글게 말고,
봄이 올 때까지 겨울잠을 자지요.

낱말쏙쏙

🌸 겨울잠

동물들이 땅속이나 물속에서 잠을 자며 겨울을 보내는 것을 말해요.

멧돼지는 겨울잠을 안 자요.

눈밭을 뒤져서 나무뿌리나 열매를 찾아 먹으며 겨울을 나요.

청설모도 가을에 땅속에 숨겨 두었던 먹이를 찾아

먹으며 겨울을 나지요.

겨울이 오기 전에 따뜻한 곳을 찾아 떠나는 동물도 있어요.

바로 꾀꼬리와 뻐꾸기 같은 철새들이에요.

이 새들은 햇살이 따스하고 먹이가 많은 남쪽으로 떠났다가,

봄이 되면 다시 살던 곳으로 돌아와요.

이렇게 동물들은 여러 가지 방법으로 겨울을 난답니다.

낱말쏙쏙
🌸철새
계절을 따라 이리저리 옮겨
다니며 사는 새를 말해요.

93

글의 내용을 생각하면서 문제를 풀어 보세요.

1 이 글은 무엇에 대해 쓴 글인가요? 바르게 말한 것을 찾아 ◯표 해 보세요.

겨울에 많이
하는 놀이

동물들이 겨울을
나는 방법

사람과 친한
동물들

2 겨울잠을 자며 겨울을 보내는 동물을 모두 찾아 ◯표 해 보세요.

고슴도치

뻐꾸기

청설모

곰

3 다음 동물들은 어떻게 겨울을 보내나요? 알맞은 내용을 찾아 바르게 연결해 보세요.

꾀꼬리

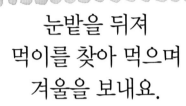

눈밭을 뒤져 먹이를 찾아 먹으며 겨울을 보내요.

멧돼지

겨울이 오기 전에 따뜻한 곳으로 떠나요.

4 이 글을 읽고 알 수 있는 것은 무엇인가요? 바르게 말한 것을 찾아 ○표 해 보세요.

동물들은 모두 겨울잠을 자며 겨울을 나요.

동물들은 여러 가지 방법으로 겨울을 나요.

동물들은 추위를 잘 견디지 못해요.

어휘 연습

낱말의 뜻을 생각하면서 문제를 풀어 보세요.

명사(동물 이름) 익히기

1 다음 그림을 보고, 알맞은 동물 이름을 보기 에서 찾아 써 보세요.

보기   고슴도치   멧돼지   청설모

관계있는 말 익히기

2 밑줄 친 낱말과 관계있는 말을 모두 찾아 ○표 해 보세요.

동물들은 여러 가지 방법으로 <u>겨울</u>을 난답니다.

춥다   새싹   털장갑

눈밭   덥다

문장 완성하기

3 다음 그림에 알맞은 문장이 되도록 바르게 연결해 보세요.

눈이 • • 펑펑 • • 불어요.

바람이 • • 쌩쌩 • • 내려요.

부정문 익히기

4 보기 에서와 같이 문장을 바꾸어 써 보세요.

보기

물고기를 먹어요.

→ 물고기를 | 안 | 먹어요.

겨울잠을 자요.

→ 겨울잠을 | | 자요.

'다지기 마당'은 이번 마당에서 읽은 글을 다시 한 번 읽어 보면서 독해력과 어휘력을 다지는 시간입니다. 글과 문제를 꼼꼼히 읽고, 알맞은 답을 찾아 보세요.

🌸 다음 글을 읽고, 물음에 답해 보세요.

개구리야, 개구리야,
어디 가니?
쿨쿨 겨울잠 자는 친구들에게
반가운 봄소식 알리러 간단다.

나비야, 나비야,
어디 가니?
활짝 웃으며 날 기다리는
예쁜 봄꽃 만나러 간단다.

1 겨울잠 자는 친구들에게 봄소식을 알리러 가는 것은 누구인가요?
알맞은 것을 찾아 ◯ 표 해 보세요.

| 꽃 | 나비 | 개구리 |

2 ☐ 안에 어울리는 말을 보기 에서 찾아 써 보세요.

☐ ☐ 웃어요.

보기   깜짝   활짝   반짝

✿ 다음 글을 읽고, 물음에 답해 보세요.

저녁에 할머니께서 우리가 캔 조개를
넣고 수제비를 만들어 주셨어요.
제가 캔 조개가 들어 있다고 생각하니 더 맛있었어요.
내일은 계곡에 갈 거예요.
여기서 알게 된 친구 집에도 놀러 가기로 했어요.
엄마, 할머니 댁에서 노는 것은 정말 재미있어요.
하지만 엄마가 보고 싶어서 빨리 집에 가고 싶어요.
엄마랑 피아노도 치고 싶고요.

3 글쓴이는 왜 수제비가 더 맛있게 느껴졌나요? 바르게 말한 것을 찾아 ◯표
해 보세요.

| 배가 많이
고파서 | 자기가 캔 조개가
들어 있어서 | 할머니께서 정성껏
만들어 주셔서 |

4 ⬚ 안에 알맞은 말을 보기 에서 찾아 써 보세요.

피아노를 ⬚ ⬚ 싶어요.

보기   불고   켜고   치고

다음 글을 읽고, 물음에 답해 보세요.

엄마는 빙긋 웃으며 누렇게 물든 논을 바라보셨어요.
정말 아빠, 엄마가 봄부터 가꾼 벼가 잘 자라
누렇게 익은 것을 보니 왠지 마음이 흐뭇했어요.
"참, 엄마! 이것 드세요."
현우가 엄마에게 식혜를 내밀었어요.
"아이고, 우리 현우 다 컸네!"
엄마는 현우를 꼭 안아 주셨어요.

5 현우는 어떤 모습을 보고 마음이 흐뭇했나요? 바르게 말한 것을 찾아 ○표 해 보세요.

아빠가 열심히 일하시는 모습	엄마가 식혜를 맛있게 드시는 모습	벼가 잘 자라 누렇게 익은 모습

6 다음 그림을 보고, ▢ 안에 알맞은 말을 보기 에서 찾아 써 보세요.

엄마!
▢▢
드세요.

보기

저것

이것

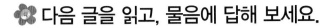

❀ 다음 글을 읽고, 물음에 답해 보세요.

> 찬 바람이 쌩쌩 불고 하얀 눈이 펑펑 내리는
> 겨울이 오면 우리는 어떻게 하나요?
> 두꺼운 옷을 입고 따뜻한 털장갑도 끼며 추위를 이기지요.
> 그러면 동물들은 추운 겨울을 어떻게 보낼까요?
> 곰은 겨울이 오기 전 먹이를 배불리 먹어 두어요.
> 그리고 날씨가 추워지면 동굴 속에서 겨울잠을 자지요.

7 곰은 겨울을 어떻게 보내나요? ⬚ 안에 알맞은 말을 써 보세요.

> ⬚ 속에서 ⬚ 을 자요.

8 다음 그림에 어울리는 문장이 되도록 바르게 연결해 보세요.

옷을　•　　　•　끼어요.

털장갑을　•　　　•　입어요.

101

추워도 끄떡없어!

그림에서 이상한 부분을 찾아보는 놀이예요.

✿ 친구들이 하얀 눈밭에서 신 나게 뛰어놀고 있어요. 그런데 그림을 꼼꼼하게 살펴보니 겨울과 어울리지 않는 모습이 있어요. 겨울과 어울리지 않는 모습을 모두 찾아 ⭕표 해 보세요.

정보마당

계절은 왜 생길까요?
봄, 여름, 가을, 겨울이 생기는 까닭에 대해 알아보아요.

지구는 약간 기울어져 태양의 둘레를 돌고 있어요.

지구가 태양의 둘레를 한 바퀴 도는 데는 일 년이 걸리지요.

이 일 년 동안 지구의 곳곳을 비추는 태양의 높이와 햇빛의 양이 달라져요.

이에 따라 날씨가 더워지기도 하고 추워지기도 하는 것이랍니다.

그러면 우리나라를 예로 들어 살펴볼까요?

태양이 중간쯤에 떠 있어요. 이때에는 날씨가 따뜻하고 낮과 밤의 길이가 비슷한 봄이 되어요.

태양이 가장 높은 곳에 떠있고, 떠 있는 시간도 길어서 햇빛을 많이 받아요. 그래서 날씨가 덥고 낮이 긴 여름이 되어요.

봄

여름

태양

겨울

가을

태양이 중간쯤에 떠 있어요. 이때에는 날씨가 서늘하고 낮과 밤의 길이가 비슷한 가을이 되어요.

태양이 가장 낮은 곳에 떠있고, 떠 있는 시간도 짧아서 햇빛을 조금 받아요. 그래서 날씨가 춥고 낮이 짧은 겨울이 되어요.

메모

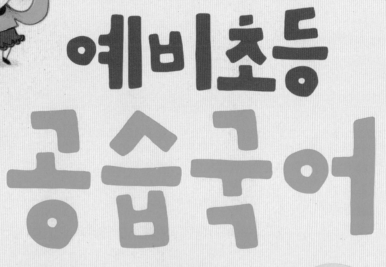

예비초등
공습국어

정답 및 해설

정답을 따로 떼어 내어 보관하고,
학습 지도 시 사용해 주세요.

5권

12-13 쪽

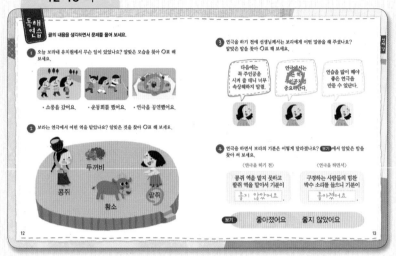

1. 이야기의 중심 사건, 즉 이야기 속에서 어떤 일이 일어났는지 파악하는 문제입니다. 이 이야기는 중심인물이 유치원에서 연극을 공연하면서 겪은 일을 짧게 다룬 이야기입니다. 아이가 글의 내용을 정확하게 이해하여 문제를 풀 수 있게 지도해 주세요.

2. 중심인물이 한 일을 파악하는 문제입니다. 보라는 '콩쥐 팥쥐' 연극에서 주인공 콩쥐가 아닌 팥쥐 역할을 맡은 까닭에 연극을 하기 전까지 줄곧 기분이 좋지 않았습니다. 글의 앞부분에 이와 같은 내용이 나타나 있습니다. 아이가 해당되는 부분을 잘 읽고 내용을 파악할 수 있게 지도해 주세요.

3. 글의 내용을 파악하는 문제입니다. 보라가 연극에서 맡은 배역이 마음에 들지 않아 시큰둥하게 앉아 있자, 선생님께서는 연극을 공연하는 사람이 가져야 할 자세에 대해 말씀해 주셨습니다. 아이가 문제의 의도를 잘 파악하지 못할 경우, 선생님이 이야기하는 부분을 다시 한 번 잘 읽어 볼 수 있게 지도해 주세요.

4. 중심인물의 마음을 이해하는 문제입니다. 이 글은 연극에서 역할이 마음에 들지 않아 시큰둥해하던 아이가 연극을 공연하면서 즐거움을 느끼는 마음이 잘 나타난 이야기입니다. 아이가 인물의 마음을 바르게 이해할 수 있게 지도해 주세요.

14-15 쪽

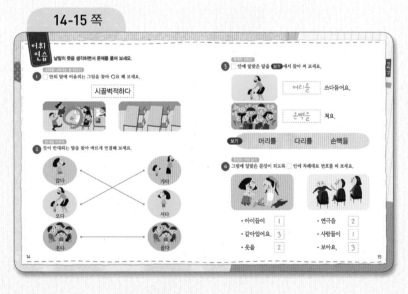

1. '시끌벅적하다'는 여럿이 몹시 떠들어서 시끄러운 상태를 나타내는 말입니다. 연극 공연을 준비하는 상황과 비슷한 경험, 예를 들어 유치원에서 소풍을 떠나기 전이나 발표회를 준비했을 때의 분위기를 떠올려 보며 낱말의 뜻을 이해할 수 있게 지도해 주세요.

2. 반대말을 찾아보는 문제입니다. 앉아 있는 모습과 서 있는 모습, 가까이 오는 모습과 멀리 가는 모습, 웃는 모습과 우는 모습의 그림을 보며, 낱말의 뜻을 자연스럽게 이해할 수 있게 지도해 주세요.

3. 알맞은 목적어를 써넣어 문장을 완성하는 문제입니다. 그림을 잘 보고, 〈보기〉에서 알맞은 말을 찾아볼 수 있도록 합니다. 아이가 어려워하면, 〈보기〉에 있는 말을 하나씩 넣어 문장을 읽어 본 뒤, 답을 찾을 수 있게 지도해 주세요.

4. 문장의 짜임을 알아보는 활동을 통해 '주어+목적어+서술어' 구조의 문장을 익히는 문제입니다. 주어진 문제를 풀고 난 뒤, 아이와 함께 '동생이 밥을 먹는다.', '언니가 옷을 입는다.'처럼 '주어+목적어+서술어' 구조의 문장을 만들어 보는 활동을 해 보세요. 이러한 활동을 통해 아이는 자연스럽게 문장의 짜임을 익히게 될 것입니다.

18-19 쪽

1. 시를 읽고 떠오르는 장면, 즉 시의 내용이나 분위기와 관련이 있는 장면을 찾아보는 문제입니다. 시의 전체 내용을 잘 파악해야 그에 어울리는 장면을 떠올릴 수 있습니다. 따라서 제시된 시를 여러 번 읽어 볼 수 있게 지도해 주세요. 또한 시를 읽을 때 장면을 떠올리면서 읽으면 시의 느낌과 분위기를 더욱 잘 이해할 수 있음을 알게 해 주세요.

2. 시가 주는 느낌을 찾아보는 문제입니다. 이 시는 함께 모여 즐겁게 춤을 추는 아이들의 모습이 잘 나타난 시입니다. 여럿이 함께 춤을 추어 본 경험과 관련지어 시가 주는 느낌을 알 수 있게 지도해 주세요.

3. 1연은 여럿이 함께 손을 잡고 빙빙 돌며 춤을 추는 모습, 2연은 오른쪽, 왼쪽으로 깡충깡충 뛰며 춤을 추는 모습, 3연은 양팔을 가볍게 흔들며 춤을 추는 모습, 4연은 양발을 쿵쿵 구르며 춤을 추는 모습을 나타내고 있습니다. 각 연에 반복되어 나오는 흉내 내는 말의 느낌을 살려 시를 읽어 보면, 각 연의 내용을 이해할 수 있습니다.

4. 시의 중심 생각을 이해하는 문제입니다. 이 시는 아이들이 즐겁게 춤을 추는 모습을 실감 나게 표현한 시입니다. 어울리는 장면을 떠올리거나 느낌을 살려 시를 읽어 보면서, 글쓴이가 시를 통해 나타내고자 하는 생각이 무엇인지 이해할 수 있게 지도해 주세요.

20-21 쪽

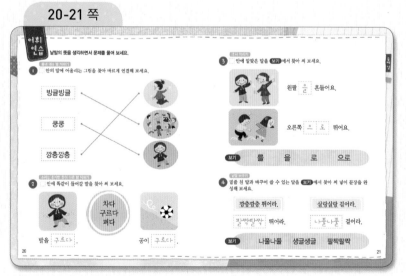

1. '빙글빙글'은 원을 그리며 계속해서 도는 모양을, '쿵쿵'은 크고 단단한 물건이 바닥이나 벽에 부딪치는 소리를, '깡충깡충'은 다리를 모아 뛰어오르는 모양을 흉내 내는 말입니다. 아이와 함께 '회전목마가 빙글빙글 돌아간다.', '토끼가 깡충깡충 뛰어간다.' 등의 문장을 만들어 보는 활동을 통해, 아이가 낱말의 뜻을 바르게 이해할 수 있게 지도해 주세요.

2. 소리는 같지만 뜻이 다른 낱말, 즉 동음이의어를 찾아보는 문제입니다. 이러한 말은 낱말 자체로는 그 뜻을 알기 어렵지만, 문장에서는 그 뜻을 쉽게 파악할 수 있습니다. 짧은 글짓기를 해 보는 등 다양한 예를 통해, 아이가 낱말이 가진 여러 가지 뜻을 정확하게 알 수 있게 지도해 주세요.

3. 문장에 알맞은 조사를 찾아보는 문제입니다. '을'과 '으로'는 받침이 있는 낱말 뒤에, '를'과 '로'는 받침이 없는 낱말 뒤에 쓰는 말입니다. 아이가 어려워할 경우, 여러 문장을 예로 들어 아이가 자연스럽게 앞의 낱말에 알맞은 조사를 사용할 수 있게 지도해 주세요.

4. 주어진 말과 비슷한 뜻의 흉내 내는 말을 찾아보는 활동입니다. 뛰는 모습을 흉내 내는 말과 무엇을 가볍게 흔드는 모양을 흉내 내는 말을 찾아볼 수 있게 지도해 주세요.

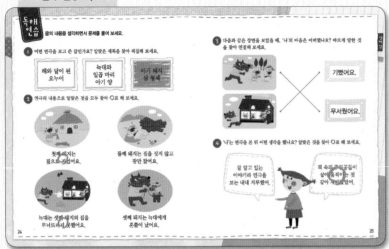

1. 주어진 글은 '아기 돼지 삼 형제'라는 연극을 보고 쓴 연극 감상문입니다. 책이나 영화, 연극 등을 보고 쓴 감상문을 읽을 때에는 가장 먼저 어떤 책이나 영화, 연극을 보고 쓴 글인지 파악하도록 합니다. 그리고 아이가 글의 제목과 책이나 영화, 연극의 제목을 혼동하지 않게 지도해 주세요.

2. 글쓴이가 본 연극의 내용을 정확하게 이해하는 문제입니다. 연극에서 둘째 돼지는 나무로 집을 지었다고 했습니다. 또한 셋째 돼지가 늑대에게 혼쭐이 난 것이 아니라, 늑대가 똑똑한 셋째 돼지에게 혼쭐이 났다고 했습니다. 이러한 내용과 맞지 않는 내용을 고를 수 있게 지도해 주세요.

3. 글쓴이가 연극을 보면서 느낀 점을 알아보는 문제입니다. 연극 감상문에는 연극을 보게 된 동기, 연극의 내용, 글쓴이의 생각이나 느낌 등이 나타납니다. 연극에서 늑대가 돼지들을 쫓아갈 때 무서워서 마음이 조마조마했다거나, 셋째 돼지가 늑대를 물리쳤을 때 기뻤다는 것은 글쓴이의 느낌입니다. 글쓴이가 어떤 장면에서 어떤 느낌을 받았는지 잘 살펴볼 수 있게 지도해 주세요.

4. 연극의 특징을 이해하는 문제입니다. 글쓴이는 '아기 돼지 삼 형제'가 이미 잘 알고 있는 이야기였지만, 연극으로 보니 책 속의 인물들이 살아 움직이는 것 같아 더 재미있었다고 했습니다. 유치원 등에서 연극을 공연해 보았거나 연극을 관람해 본 경험을 바탕으로, 아이가 연극의 특징을 생각해 볼 수 있게 지도해 주세요.

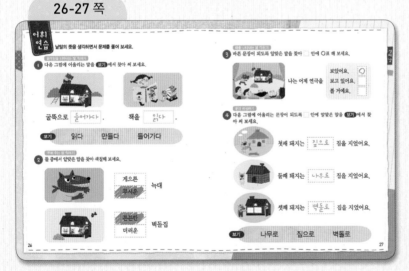

1. 움직임을 나타내는 말, 즉 동사를 익히는 문제입니다. 아이가 그림을 통해 '들어가다'와 '읽다'의 뜻을 자연스럽게 이해할 수 있게 지도해 주세요.

2. 꾸며 주는 말을 익히는 문제입니다. '무서운 늑대', '튼튼한 벽돌집'에서도 알 수 있듯이, 꾸며 주는 말을 적절히 쓰면 대상을 더 자세하고 실감 나게 나타낼 수 있습니다. 문장에서도 마찬가지입니다. 아이에게 꾸며 주는 말에 따라 문장의 느낌이 달라질 수 있다는 것을 지도해 주세요.

3. 시제를 익히는 문제입니다. 문장에서 시제를 구분하기 위해서는 시제를 나타내는 말에 주의해야 합니다. 예를 들어 '어제'가 나오면 '과거', '지금'이 나오면 '현재', '내일'이 나오면 '미래'가 되는 것입니다. 아이가 이러한 힌트를 이용하여 시제를 구분해 볼 수 있게 지도해 주세요.

4. 알맞은 부사어를 써넣어 문장을 완성하는 문제입니다. 글쓴이가 본 연극의 내용과 제시된 그림의 내용을 바탕으로, 알맞은 말을 고를 수 있게 지도해 주세요.

30-31 쪽

1. 글의 중심 글감을 파악하는 문제입니다. 설명하는 글에서는 이 글에서처럼 제목에 중심 글감이 나타나는 경우가 많습니다. 아이가 글을 읽을 때 글의 제목도 유의해서 볼 수 있게 지도해 주세요.

2. 글의 내용을 파악해 보는 문제입니다. 글을 읽어 보면, 옛날에는 명절이나 마을에 잔치가 있을 때, 힘든 농사일을 시작하기 전에 탈춤을 많이 추었다고 나와 있습니다. 아이가 문제 푸는 것을 어려워하면, 이 문제와 관련된 부분을 다시 한 번 꼼꼼히 읽을 수 있게 지도해 주세요.

3. 글의 내용을 정확하게 이해하는지 알아보는 문제입니다. 글을 읽어 보면, 옛날에는 오늘날과 달리 탈춤 공연을 펼치는 무대가 따로 없었다고 나와 있습니다. 아이가 문제를 잘 풀지 못하면 이 부분을 다시 한 번 읽고, 내용을 이해할 수 있게 지도해 주세요.

4. 글의 중심 생각을 이해하는 문제입니다. 이 글은 오랜 세월 동안 우리 민족의 삶의 일부로, 우리 민족과 함께 해 온 춤인 탈춤에 대해 설명하는 글입니다. 탈춤이 우리 민족에게 있어서 삶의 기쁨, 즐거움, 슬픔, 고통 등을 표현해 주는 역할을 해 왔다는 사실을 아이에게 알려 주세요.

32-33 쪽

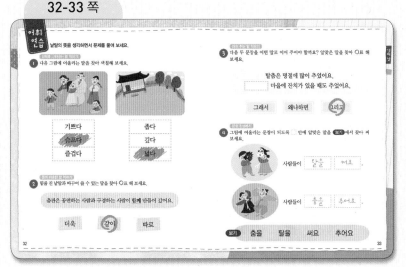

1. 상태를 나타내는 말, 즉 형용사를 익히는 문제입니다. 아이가 그림을 통해 '슬프다'와 '넓다'의 뜻을 자연스럽게 이해할 수 있게 지도해 주세요. 또한 확장 활동으로 각 낱말의 반대말을 생각해 보게 하는 것도 좋습니다.

2. 바꾸어 쓸 수 있는 말을 찾아봄으로써, 뜻이 비슷한 낱말을 익혀 보는 활동입니다. '함께'는 '여럿이 같이'라는 뜻입니다. 아이가 어려워할 경우에는, 밑줄 친 말의 자리에 제시된 말을 하나씩 차례대로 넣어 문장을 읽어 보게 하여 바꾸어 써도 뜻이 통하는 말을 찾아낼 수 있게 지도해 주세요.

3. 알맞은 이어 주는 말을 찾아보는 문제입니다. '그리고'는 대등한 두 문장을 연결할 때, '그래서'는 앞 문장이 뒤 문장의 원인이나 근거, 조건이 될 때 쓰는 말입니다. '왜냐하면'은 뒷 문장이 앞 문장의 원인이나 근거, 조건이 될 때 쓰는 말입니다. 이처럼 문장의 연결 관계에 따라 이어 주는 말이 다르게 쓰인다는 것을 아이에게 알려 주세요.

4. 알맞은 목적어와 서술어를 써넣어 문장을 완성해 봄으로써, '주어+목적어+서술어' 구조의 문장을 익히는 문제입니다. 확장 학습으로 '동생이 노래를 불러요.', '형이 자전거를 타요.' 등과 같이 '주어+목적어+서술어' 구조의 문장을 만들어 보는 활동을 해 보세요.

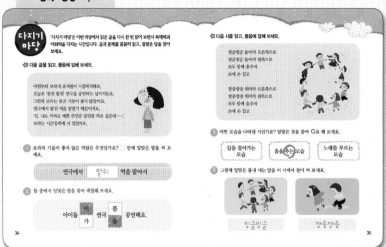

1. 일의 원인을 파악해 보는 문제입니다. 이야기를 읽을 때에는 원인과 결과를 잘 파악해야, 그 내용을 정확하게 이해할 수 있습니다. "보라는 왜 줄곧 기분이 좋지 않았을까?", "연극을 공연하는 즐거운 날인데 보라는 왜 시큰둥하게 서 있었을까?"와 같은 질문을 던져, 아이가 일의 원인을 파악할 수 있게 지도해 주세요.

2. 알맞은 조사를 찾아보는 문제입니다. '이'와 '가'는 주격 조사로, '이'는 받침이 있는 글자 뒤에, '가'는 받침이 없는 글자 뒤에 붙는 말입니다. 또, '을'과 '를'은 목적격 조사로, '을'은 받침이 있는 글자 뒤에, '를'은 받침이 없는 글자 뒤에 붙는 말입니다. '동생이 잠을 잔다.', '언니가 세수를 한다.' 등 여러 가지 예를 들어 아이가 조사의 쓰임을 이해할 수 있게 지도해 주세요.

3. 주어진 시는 아이들이 모여 즐겁게 춤을 추는 모습을 나타낸 시입니다. 시를 읽고 떠오르는 장면을 말해 보거나 느낌을 살려 시를 읽어 보는 활동을 통해, 시의 글감을 찾아볼 수 있게 지도해 주세요.

4. 흉내 내는 말의 뜻을 파악하는 문제입니다. 먼저 아이에게 시에 나오는 흉내 내는 말을 모두 찾아보게 하세요. 그런 다음, 도는 모습을 흉내 내는 말과 뛰는 모습을 흉내 내는 말을 구별해 볼 수 있게 지도해 주세요.

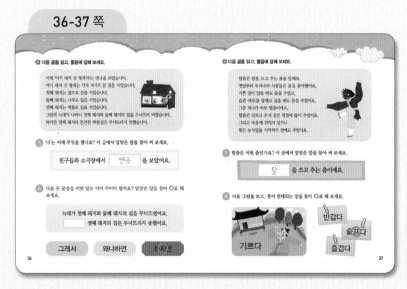

5. 글의 내용을 파악하는 문제입니다. 이 글은 글쓴이가 '아기 돼지 삼 형제'라는 연극을 보고 쓴 연극 감상문의 일부입니다. 글의 맨 앞부분을 보면 글쓴이가 무엇을 했는지 나와 있습니다. 아이가 문제를 정확하게 읽고 알맞은 답을 글에서 찾아 써넣을 수 있도록 지도해 주세요.

6. 알맞은 이어 주는 말을 찾아보는 문제입니다. 앞 문장과 뒤 문장의 내용이 상반될 때에는 '하지만, 그러나'와 같은 이어 주는 말을 써야 합니다. '그래서'는 앞 문장이 뒤 문장의 원인이나 근거, 조건이 될 때, '왜냐하면'은 뒤 문장이 앞 문장의 원인이나 근거, 조건이 될 때 쓰는 말입니다. 아이가 어려워할 경우에는 각각의 이어 주는 말을 넣어 글을 읽어 보고, 자연스럽게 읽히는 것을 고를 수 있게 지도해 주세요.

7. 글의 내용을 정확하게 파악했는지 확인하는 문제입니다. 글의 맨 앞부분에 탈춤이 어떤 춤인지 나와 있습니다. 아이가 문제의 의도를 잘 파악하여 답을 찾아낼 수 있게 지도해 주세요.

8. 반대말을 찾아보는 문제입니다. 제시된 낱말들은 모두 감정과 관련된 말이므로, 각각의 말이 어떤 느낌을 나타내는지 이야기해 볼 수 있게 지도해 주세요.

놀이 마당

사뿐사뿐 꼬마 발레리나
비슷한 두 그림에서 서로 다른 곳을 찾아보는 놀이예요.

🌸 친구들이 발레를 해요. 두 그림을 잘 보고, 위 그림과 다른 곳을 여덟 군데 찾아 아래 그림에 ⭕표 하세요.

38

● 이 놀이 마당은 관찰력을 키울수 있는 다른 그림 찾기 활동입니다.

위 그림과 아래 그림을 번갈아 보면서 모양이 바뀌거나 색깔이 달라진 것이 있는지, 아니면 새로운 물건이 생겼거나 있던 물건이 없어진 것이 있는지 꼼꼼하게 찾아보도록 지도해 주세요.

아울러 직접 공연을 했거나 다른 사람의 공연을 본 경험이 있다면 공연을 할 때 겪었던 일이나 느낌 등을 아이와 함께 얘기해 보세요.

44-45 쪽

1. 글의 등장인물을 찾아보는 문제입니다. 이야기 글을 읽을 때에는 등장인물이 한 말과 행동을 통해 등장인물의 성격을 파악하는 것이 중요합니다. 글을 읽으면서 누가 나오는지, 그리고 각각의 사람들이 어떤 말을 했는지 찾아볼 수 있도록 지도해 주세요.

2. 글의 내용을 파악하는 문제입니다. 이 글에서 배경이 되는 장소는 태권도 도장이고, 중심이 되는 글감은 태권도입니다. 단우의 말을 통해 단우가 무엇을 배우러 도장에 갔는지 찾을 수 있도록 지도해 주세요.

3. 글의 내용을 파악하는 문제입니다. 단우가 기윤이에게 한 말로 보아, 단우는 멋진 도복에 검은 띠를 맨 모습이나 벽돌을 깨는 모습이 인상적이어서 태권도를 배우러 왔음을 짐작할 수 있습니다. 단우가 태권도를 배우러 온 목적과 기윤이가 태권도를 배우러 온 목적을 구분할 수 있도록 지도해 주세요.

4. 글의 중심 생각을 이해하는 문제입니다. 이 글은 우리의 전통 무술인 태권도에 대한 것으로, 태권도의 목적과 의미 등을 알려 줍니다. 단순히 사범님이 말한 내용 외에 태권도의 여러 가지 의미에 대해 아이가 생각해 볼 수 있게 지도해 주세요.

46-47 쪽

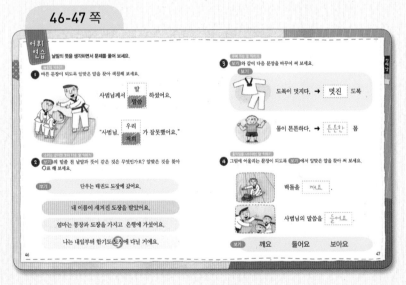

1. 높임말을 익히는 문제입니다. '말'과 '우리'의 높임말이 '말씀'과 '저희'라는 것뿐만 아니라 웃어른께는 항상 높임말을 써야 한다는 것을 알려 주세요. 그리고 아이에게 특정한 예사말에는 그것에 알맞은 높임말이 있음을 알려 주고, 경우에 따라 적절히 사용할 수 있게 지도해 주세요.

2. 소리는 같지만 뜻이 다른 말, 즉 동음이의어를 익히는 문제입니다. 여기에서는 '도장'의 두 가지 뜻, 즉 '무예 따위를 연습하거나 가르치는 곳'과 '나무·뿔·고무 따위에 이름을 새겨 찍음으로써 그 모양을 통해 신분을 확인하는 물건'을 구분할 수 있도록 지도해 주세요.

3. '멋지다', '튼튼하다' 등의 형용사가 서술어로 사용된 문장, 즉 '주어+서술어' 형식의 문장을 꾸며 주는 말이 들어간 구로 바꾸어 보는 문제입니다. '멋지다', '튼튼하다'가 각각 '멋진', '튼튼한'으로 활용되어 명사를 꾸며 주는 말로 쓰일 수 있음을 알려 주세요.

4. 각 문장에 어울리는 서술어를 찾아보는 문제입니다. '벽돌을', '말씀을'처럼 각 문장의 목적어가 무엇인지에 따라 어울리는 서술어도 각각 다르다는 것을 알려 주세요. 그리고 다른 문장들을 연습하면서 아이가 다양한 서술어를 찾아볼 수 있게 지도해 주세요.

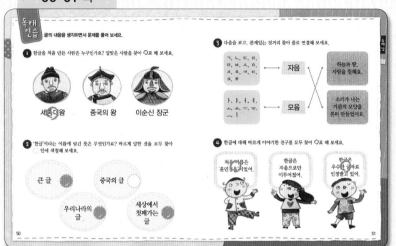

1. 글의 세부 내용을 파악하는 문제입니다. 이 글에서는 한글을 처음 만든 사람이 세종대왕임을 밝히고 있습니다. 이와 같은 설명문을 읽을 때에는 글의 내용을 꼼꼼히 읽으며 정보를 찾아야 한다는 것을 알 수 있게 지도해 주세요.

2. 글의 세부 내용을 파악하는 문제입니다. 이 글에서는 '한글'이라는 이름에 대해 설명하면서 한글의 세 가지 뜻에 대해 밝히고 있습니다. 아이가 문제를 보고, 글에서 밝힌 내용과 일치하는 답이 무엇인지 찾을 수 있게 지도해 주세요.

3. 글의 세부 내용을 파악하는 문제입니다. 글에서는 한글의 구조와 체계에 대해 자세히 밝히고 있습니다. 따라서 아이가 한글의 구조에 대해 설명하는 부분을 잘 읽고, 자음과 모음이 무엇인지 이해한 후 서로 어울리는 내용들을 찾아 연결할 수 있도록 지도해 주세요.

4. 글의 전체 내용을 파악하는 문제입니다. 이 글에서 설명하고 있는 대상이 무엇인지, 그리고 그 대상에 대해 어떤 내용들을 말했는지 아이가 하나하나 찾아볼 수 있도록 지도해 주세요. 그런 다음, 한글이 우리 민족에게 어떤 의미를 갖는지 아이와 함께 이야기를 나누어 보세요.

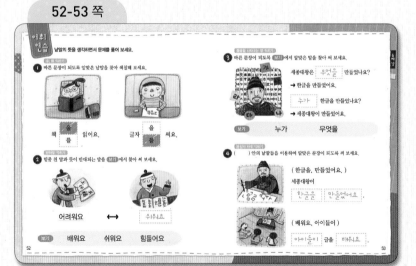

1. '을'과 '를'은 어떤 행동의 대상이 됨을 나타내는 말입니다. '을'은 받침 있는 낱말 뒤에 붙고, '를'은 받침 없는 낱말 뒤에 붙는다는 차이점이 있습니다. 문제를 푼 뒤에 '편지를 쓰다', '그림을 그리다' 등 여러 가지 예를 들어 아이가 이러한 차이점을 이해할 수 있도록 지도해 주세요.

2. 뜻이 반대되는 낱말을 찾는 문제입니다. 먼저 '어렵다'의 뜻이 '말이나 글이 이해하기에 까다롭다.'의 뜻임을 알려 주시고, 〈보기〉의 낱말들을 함께 읽으면서 각각의 뜻이 무엇인지 생각해 볼 수 있도록 지도해 주세요.

3. 의문문, 즉 물음을 나타내는 말을 익히는 문제입니다. 아이와 함께 글을 읽으면서 목적어를 물어볼 때는 '무엇을' 또는 '누구를', 주어를 물어볼 때는 '누가' 또는 '무엇이'를 써야 함을 알려 주세요.

4. '주어+목적어+서술어' 구조의 문장 순서를 익히는 문제입니다. 문제를 풀면서 아이가 '주어+목적어+서술어'의 순서로 문장이 이루어짐을 알 수 있게 도와주세요. 그런 다음, 같은 구조의 문장을 여러 개 만들어 볼 수 있도록 지도해 주세요.

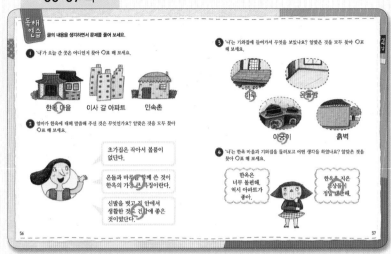

1. 글의 배경이 되는 장소를 알아보는 문제입니다. 이 글에서 글쓴이는 가족과 함께 한옥 마을에 다녀왔다고 하였습니다. 아이가 글을 읽고, 정확한 장소를 찾을 수 있게 지도해 주세요. 그리고 이 글과 같은 기행문을 읽을 때는 여행한 장소가 어디인지를 파악하는 것이 중요하다는 것을 알려 주세요..

2. 글의 내용을 이해하는 문제입니다. 이 글에서 엄마는 한옥의 특징이 온돌과 마루를 함께 쓴 것이며, 신발을 벗고 집 안에서 생활하는 것이 건강에 좋다는 말씀을 해 주셨습니다. 답을 찾은 뒤에는 한옥의 특징으로 또 어떤 것들이 있을지 아이가 더 생각해 볼 수 있도록 지도해 주세요.

3. 글의 내용을 이해하는 문제입니다. 글을 자세히 읽으면서 글쓴이가 본 것들이 무엇 무엇인지 아이가 짚어 볼 수 있도록 지도해 주세요. 그리고 기행문을 읽을 때는 글쓴이가 본 것, 들은 것, 생각하거나 느낀 점이 각각 무엇인지 구분하며 읽는 것이 중요하다는 것도 알려 주세요.

4. 글쓴이가 여행을 통해 느낀 점이 무엇인지 이해하는 문제입니다. 글쓴이는 한옥 마을에서 한옥의 특징에 대해 듣고, 한옥을 직접 본 뒤에 한옥을 지은 조상들이 정말 대단하다는 생각을 하게 되었습니다. 이처럼 기행문에서 글쓴이가 느낀 점은 글의 주제와 매우 관련이 깊음을 알 수 있도록 지도해 주세요.

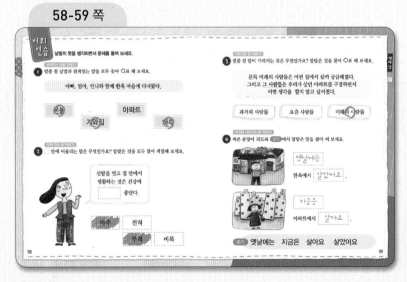

1. 서로 관계있는 낱말과 관계없는 낱말을 구분해 보는 문제입니다. 글을 다시 한 번 읽으면서 아이와 함께 글에 나오는 낱말들의 뜻을 알아보고, 아이가 파악한 뜻에 따라 각 낱말 간의 관계를 이해할 수 있도록 지도해 주세요.

2. 문장에 어울리는 꾸며 주는 말, 그중에서도 부사어에 대해 익히는 문제입니다. 네 가지의 예 중에서 '아주'와 '무척'은 둘 다 보통을 넘어서는 정도를 나타내는 부사어입니다. 따라서 '아주'와 '무척'이 문장 속에서 비슷한 역할로 쓰인다는 점을 알려 주시고, 부사어는 형용사나 동사를 꾸며 주는 역할을 한다는 것도 이해할 수 있게 지도해 주세요.

3. 가리키는 말을 익히는 문제입니다. 보통 '그것, 그때, 그 사람'처럼 '그'라는 지시 대명사가 포함된 낱말은 이미 앞에서 나왔던 말을 가리킵니다. 따라서 '그 사람들'이 어떤 사람들을 가리키는지 문장의 앞부분을 잘 살펴 찾을 수 있도록 지도해 주세요.

4. 시간을 나타내는 말, 즉 시제를 익히는 문제입니다. 문장에서 시제를 구분하기 위해서는 시제를 나타내는 말에 주의해야 합니다. 예를 들어 '옛날', '-었-, -았-'이 나오면 '과거', '지금'이 나오면 '현재', '내일', '-ㄹ-'이 나오면 '미래'가 되는 것입니다. 아이가 이러한 힌트를 이용하여 시제를 구분해 볼 수 있게 지도해 주세요.

62-63 쪽

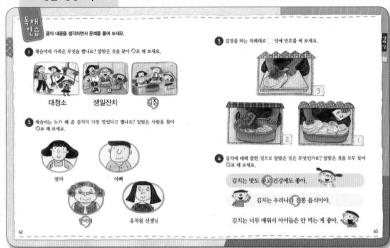

1. 글의 중심 글감을 파악하는 문제입니다. 글의 전체 내용을 읽고 글감을 파악하는 방법 외에, 제목을 보고 글감을 파악하는 방법도 있습니다. 이 글은 '즐거운 김장 날'이라는 제목에서 글의 내용이 김장과 관련된 것임을 짐작할 수 있게 해 줍니다. 따라서 아이가 글을 읽을 때, 글의 제목에도 주의를 기울일 수 있게 지도해 주세요.

2. 글의 세부 내용을 파악하는 문제입니다. 글을 읽어 보면, 채슬이가 할머니의 배추김치가 가장 맛있다고 말한 부분을 찾을 수 있습니다. 아이가 이 문제와 관련된 부분을 다시 한 번 꼼꼼히 읽어 볼 수 있게 지도해 주세요.

3. 일의 차례를 파악하는 문제입니다. 이 글을 읽어 보면, 김장을 하는 차례가 어떻게 되는지 말할 수 있습니다. 아이가 헷갈려하면, 문제에 해당하는 부분을 다시 한 번 잘 읽고 내용을 파악할 수 있게 지도해 주세요.

4. 글의 중심 생각을 이해하는 문제입니다. 이 글은 한 가족이 김장을 하면서 겪은 일들을 쓴 것으로, 글 내용 속에 김치의 장점과 김치의 의미 등이 담겨 있습니다. 아이가 글을 읽으면서 글쓴이가 말하고 싶은 것이 무엇인지 정확하게 이해할 수 있게 지도해 주세요.

64-65 쪽

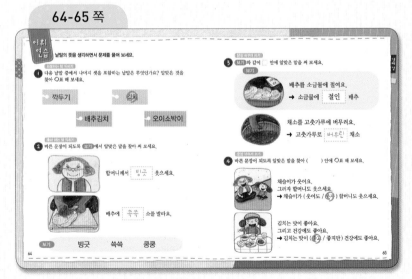

1. 포함하는 말과 포함되는 말의 관계를 익히는 문제입니다. '김치'는 '소금에 절인 배추나 무 따위를 고춧가루, 파, 마늘 따위의 양념에 버무린 뒤 발효를 시킨 음식'을 뜻하며, 재료와 만드는 방법에 따라 배추김치, 오이소박이, 깍두기, 총각김치, 열무김치, 동치미 등 여러 가지 종류가 있습니다.

2. '빙긋'은 '입을 슬쩍 벌릴 듯하면서 소리 없이 가볍게 한 번 웃는 모양'을, '쓱쓱'은 '자꾸 슬쩍 문지르거나 비비는 모양'을 흉내 내는 말입니다. 아이가 그림을 보고, 알맞은 흉내 내는 말을 찾아 쓸 수 있도록 지도해 주세요.

3. '목적어+부사어+서술어' 구조의 문장을 꾸며 주는 말이 쓰인 구로 바꾸어 쓰는 문제입니다. 문제를 풀면서 낱말의 순서가 어떻게 바뀌는지, 서술어의 형태가 어떻게 바뀌는지 아이가 이해할 수 있도록 지도해 주세요.

4. 이어 주는 말을 익히는 문제입니다. 둘 이상의 문장을 이어 쓸 때는 '그리고, 그래서, 하지만, 그러나, 그러므로' 등의 다양한 이어 주는 말이 쓰입니다. 이와 같은 이어 주는 말이 둘 이상의 문장을 하나의 문장으로 합쳐질 때 어떻게 바뀌는지 알려 주세요.

66-67 쪽

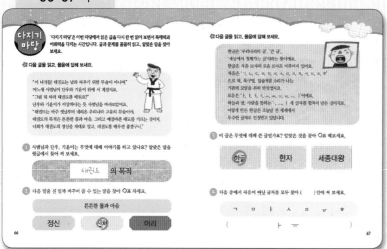

1. 글의 내용을 파악하는 문제입니다. 글에서 단우와 기윤이는 태권도를 왜 배우는 거냐고 물었고, 사범님께서는 태권도의 목적에 대해 이야기해 주셨습니다. 아이가 글의 내용을 제대로 이해할 수 있도록 지도해 주세요.

2. 바꾸어 쓸 수 있는 말을 찾아봄으로써, 뜻이 비슷한 낱말을 익혀 보는 활동입니다. '신체'는 '사람의 몸'이라는 뜻을 가진 낱말입니다. 아울러 '정신'과 '머리'도 서로 바꾸어 쓸 수 있는 말이라는 것을 알려 주세요.

3. 글의 중심 글감을 찾는 문제입니다. 이 글은 한글의 구조와 체계에 대해 알려 주는 설명문입니다. 따라서 중심 글감이 '한글'임을 아이가 파악할 수 있게 도와주세요. 그리고 글을 읽을 때는 중심 글감과 중심 생각이 무엇인지 파악하면서 읽는 것이 중요하다는 점을 지도해 주세요.

4. 자음과 모음을 구분해 보는 문제입니다. 한글은 자음 14자, 모음 10자로 이루어져 있다는 설명과 함께 자음과 모음에는 어떤 것들이 있는지 알려 주세요. 그리고 각 자음과 모음들을 아이와 함께 직접 발음해 보면서, 각 글자의 이름이 무엇인지도 알려 주세요.

68-69 쪽

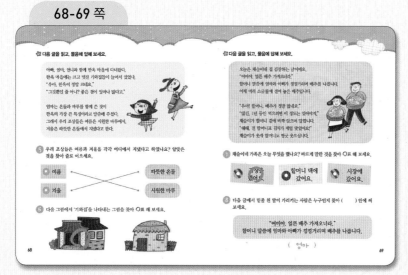

5. 글의 세부 내용을 파악하는 문제입니다. 엄마는 온돌과 마루를 함께 쓴 것이 한옥의 가장 큰 특징이며, 우리 조상들이 여름은 마루에서, 겨울은 온돌에서 지냈다고 하셨습니다. 아이가 한옥의 특징이 무엇인지, 온돌과 마루가 어떤 기능을 하는지에 대해 다시 한 번 생각해 볼 수 있게 지도해 주세요.

6. 어휘의 뜻을 파악하는 문제입니다. '기와집'은 '한옥' 중에서도 특히 '지붕을 기와로 인 집'을 뜻하는 말입니다. 두 개의 그림 중에서 어떤 것이 기와로 인 집인지 함께 찾아보고, 지붕을 짚으로 엮은 집은 '초가집'이라고 한다는 것도 아이에게 알려 주세요.

7. 글의 내용을 파악하는 문제입니다. 글의 첫 문장에서, 오늘은 김장을 하는 날이라고 하였습니다. 그리고 글을 읽으면 김장을 하는 가족들의 모습을 볼 수 있습니다.

8. 호칭을 익히는 문제입니다. '어미'는 시부모가 아들에게 또는 손자나 손녀에게 자신의 며느리를 부를 때 사용하는 호칭입니다. 따라서 할머니가 '어미'라고 부른 사람이 채슬이에게는 '엄마'가 된다는 것을 알려 주세요. 그 외에 '아비'라는 호칭에 대해서도 아이가 함께 기억할 수 있도록 지도해 주세요.

70 쪽

놀이 마당

고조선을 세운 단군
단군 신화의 그림 속에 숨어 있는 그림들을 찾아보는 놀이예요.

❀ 환웅과 웅녀의 아들인 단군은 고조선을 세운 우리의 시조예요. 그런데 단군 신화 속에 우리나라를 상징하는 것들이 숨어 있네요. 그림을 잘 보고, 숨어 있는 그림들을 찾아보세요.

70

● 이 놀이 마당은 단군 신화의 한 장면을 그린 그림 속에 숨어 있는 그림들을 찾아보는 활동입니다.

아이와 함께 숨은 그림을 찾으면서, 아이에게 단군 신화의 내용을 들려주세요.
고조선의 시조인 단군의 이야기를 들으면서, 아이는 민족과 국가에 대해 다시 한 번 생각해 볼 수 있습니다.
그런 다음, 우리나라와 우리 민족을 상징하는 것들에는 무엇이 있는지 아이와 함께 찾아보세요.
숨은 그림을 하나씩 찾을 때마다, 태극기, 무궁화, 초가집, 세종대왕, 한복, 김치, 고려청자 등이
우리 민족에게 어떤 의미를 지닌 것인지 함께 생각해 보는 시간을 갖는 것도 좋습니다.

아이가 놀이 마당을 학습하면서, 다시 한 번 우리나라를 상징하는 것들에 대해 정리하고, 우리나라와 우리 민족에 대해 자부심을 느낄 수 있도록 지도해 주세요.

76-77 쪽

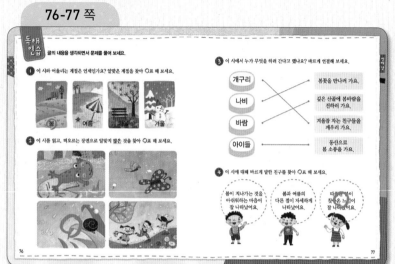

1. 시의 중심 글감을 파악하는 문제입니다. 이 시는 제목에서도 알 수 있듯이 봄에 대해 쓴 시입니다. 아이가 시를 읽으며, 봄이 되면 활동하기 시작하는 개구리나 나비, 따뜻한 봄바람, 새싹이 파릇파릇 돋은 동산 등 봄과 관련된 것들을 떠올려 볼 수 있게 지도해 주세요.

2. 시의 내용과 관련 있는 장면을 찾아보는 문제입니다. 시를 읽고 장면을 떠올려 보는 활동은 시의 느낌과 분위기를 더욱 잘 이해할 수 있게 도와줍니다. 먼저 각 연에 누가 나오는지 파악하고, 그에 어울리는 장면을 떠올려 볼 수 있게 지도해 주세요.

3. 시의 내용을 파악하는 문제입니다. 1연에서 개구리는 겨울잠 자는 친구들을 깨우러, 2연에서 나비는 봄꽃을 만나러 간다고 했습니다. 그리고 3연에서 바람은 깊은 산골 아이들에게 봄바람을 전하러, 4연에서 아이들은 새싹이 돋은 동산으로 봄 소풍을 간다고 했습니다. 아이가 시의 내용을 바르게 이해하여 문제를 풀 수 있게 지도해 주세요.

4. 시의 중심 생각을 이해하는 문제입니다. 이 시는 추운 겨울이 가고 따뜻한 봄이 찾아온 느낌을 리듬감 있게 표현한 시입니다. 각 연에 어울리는 장면을 떠올리며 시를 읽어 보면서, 글쓴이가 시를 통해 나타내고자 하는 생각이 무엇인지 알 수 있게 지도해 주세요.

78-79 쪽

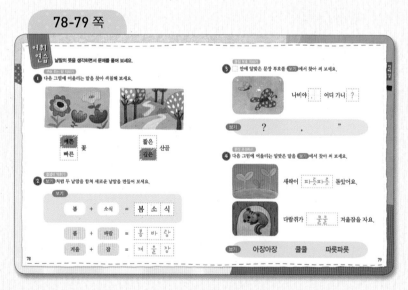

1. 꾸며 주는 말을 익히는 문제입니다. 아이가 주어진 말 이외에 '빨간 꽃', '아름다운 꽃', '조용한 산골' 등 '꽃'과 '산골'을 꾸며 주는 다른 말들을 생각해 볼 수 있게 지도해 주세요. 이러한 활동을 통해 아이는 어휘력을 키울 수 있습니다.

2. 합성어를 만들어 보는 문제입니다. 합성어란 둘 이상의 낱말이 결합하여 하나의 낱말이 된 말을 가리킵니다. 이 시에 나오는 '겨울잠', '봄소식', '봄꽃', '봄바람'이 합성어입니다. 아이에게 두 낱말이 합쳐져 하나의 새로운 낱말이 될 수 있다는 것을 알려 주고, 이러한 낱말을 더 생각하여 말해 볼 수 있게 지도해 주세요.

3. 알맞은 문장 부호를 찾아보는 문제입니다. 반점(,)은 문장 안에서 짧게 숨을 쉴 때 쓰는 문장 부호로 부르는 말이나 대답하는 말 뒤에 씁니다. 그리고 물음표(?)는 묻는 문장 뒤에 쓰는 문장 부호이며, 큰따옴표(" ")는 글 속에서 남의 말을 따올 때 쓰는 문장 부호입니다. 아이가 문장 부호의 쓰임을 올바르게 알 수 있도록 지도해 주세요.

4. 흉내 내는 말을 알맞게 넣어 문장을 완성하는 문제입니다. '파릇파릇'은 군데군데 파란빛이 도는 모양을, '쿨쿨'은 곤하게 깊이 자면서 숨을 크게 쉬는 소리나 모양을, '아장아장'은 키가 작은 사람이나 동물이 천천히 걷는 모양을 흉내 내는 말입니다. 아이가 시의 내용과 그림을 바탕으로 알맞은 말을 찾을 수 있도록 지도해 주세요.

82-83 쪽

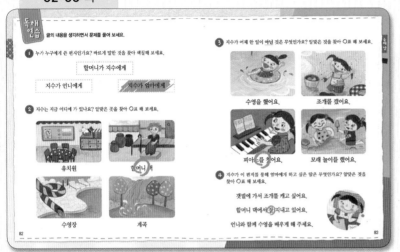

1. 편지를 쓴 사람과 편지를 받는 사람이 누구인지 알아보는 문제입니다. 주어진 글은 할머니 댁에 놀러 간 지수가 집에 계시는 엄마에게 쓴 편지입니다. 편지의 형식에서 '받는 사람'은 글의 첫머리에 나오고, '쓴 사람'은 글의 끝부분에 나온다는 것을 지도해 주세요.

2. 글의 내용을 파악하는 문제입니다. 편지의 내용으로 보아, 지수는 현재 집을 떠나 할머니 댁에 가 있음을 알 수 있습니다. 아이가 편지의 내용을 제대로 이해하여 알맞은 답을 찾을 수 있게 지도해 주세요.

3. 글의 내용을 파악하는 문제입니다. 이 편지는 지수가 할머니 댁에서 잘 지내고 있음을 엄마에게 알리는 편지입니다. 특히 지수는 어제 한 일을 편지에 자세히 썼습니다. 지수가 해수욕장과 갯벌에 가서 한 일이 무엇인지 다시 한 번 편지를 읽고 파악할 수 있게 지도해 주세요.

4. 편지를 쓴 목적을 이해하는 문제입니다. 편지글은 편지를 쓴 목적에 따라 안부 편지, 축하 편지, 감사 편지, 초대 편지 등으로 나눌 수 있습니다. 이 편지는 할머니 댁에 간 지수가 떨어져 있는 엄마의 안부를 묻고, 자신이 잘 지내고 있음을 전하기 위해 쓴 '안부 편지'입니다. 지수가 엄마에게 편지를 쓴 까닭이 무엇인지 정확하게 이해할 수 있게 지도해 주세요.

84-85 쪽

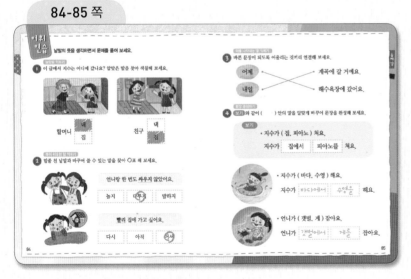

1. 높임말을 익히는 문제입니다. '집'의 높임말은 '댁'입니다. '할머니 댁'이나 '선생님 댁'처럼 남의 집을 높여 말해야 할 경우에는 '집' 대신 '댁'이란 말을 써야 합니다. 이처럼 아이에게 특정한 예사말에는 그것에 알맞은 높임말이 있음을 알려 주고, 경우에 따라 적절히 사용할 수 있게 지도해 주세요.

2. 뜻이 비슷한 낱말을 익히는 문제입니다. 아이에게 밑줄 친 말의 자리에 제시된 말을 하나씩 차례대로 넣어 읽어 보게 하세요. 그리고 바꾸어 써도 뜻이 통하는 말을 찾을 수 있게 지도해 주세요.

3. 시제를 익히는 문제입니다. 아이들도 말을 할 때에는 "어제 해수욕장에 갔어요.", "지금 해수욕장에 가요.", "내일 해수욕장에 갈 거예요."와 같이 과거, 현재, 미래를 잘 구분합니다. 그러나 글로 써 놓으면 종종 시제에 대해 혼동을 일으킵니다. 글에서 시제를 구분할 때에는 '어제', '내일', '작년', '내년'처럼 시제를 구분하는 말을 주의하여 볼 수 있게 지도해 주세요.

4. 문장을 만들어 보는 활동을 통해 문장의 짜임을 익히는 문제입니다. 아이가 주어진 말에 알맞은 조사를 붙여 4어절의 문장을 만들어 볼 수 있게 지도해 주세요.

1. 글의 내용을 파악하는 문제입니다. 글의 앞부분을 보면, 봄에 심어 여름내 가꾼 곡식들을 거두느라 현우의 아빠, 엄마가 바빠지셨다고 나와 있습니다. 한편 아이에게 가을은 한 해 동안 정성 들여 기른 곡식과 채소, 과일 등을 거두어들이는 계절이라는 사실도 지도해 주세요.

2. 인물의 행동을 파악하는 문제입니다. 현우는 논에서 열심히 일하고 계시는 아빠, 엄마의 얼굴을 떠올리며 부엌으로 갔습니다. 또한 글의 뒷부분을 보면, 현우가 집에서 가져온 식혜를 엄마에게 드리는 모습이 나옵니다. 이를 통해 현우는 아빠, 엄마에게 드리기 위해 식혜를 챙겼음을 알 수 있습니다. 아이가 이야기의 흐름을 잘 파악하여 인물의 행동을 이해할 수 있게 지도해 주세요.

3. 글의 내용을 이해하는 문제입니다. 글의 내용을 통해, 현우의 아빠, 엄마는 논에서 벼를 베고 계심을 쉽게 알 수 있습니다. 한편, 확장 활동으로, 제시되어 있는 그림을 바탕으로 벼농사를 짓는 순서(논갈이→못자리 만들기→모내기→김매기→벼 베기)에 대해서도 지도해 주세요.

4. 인물의 마음을 알아보는 문제입니다. 아이가 현우라면 아빠, 엄마가 한 해 동안 정성껏 기른 곡식이 잘 자란 모습을 보았을 때 어떤 마음이 들지 생각해 볼 수 있게 지도해 주세요.

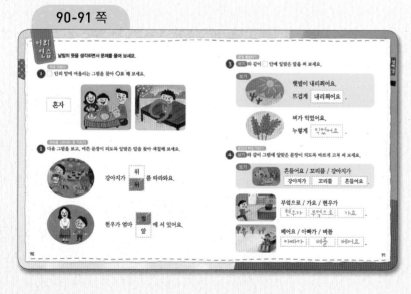

1. '혼자'는 다른 사람과 어울리거나 함께 있지 않고 동떨어져 있는 것을 뜻하는 부사입니다. 혼자 있을 때의 느낌이 어떤지에 대해 이야기를 나누어 보거나, '혼자'가 들어가는 문장을 만들어 보는 활동을 통해 아이가 낱말의 뜻을 정확하게 이해할 수 있게 지도해 주세요.

2. 위치를 나타내는 말을 익히는 문제입니다. 주위에 있는 여러 가지 사물을 이용하여, 아이가 '앞', '뒤', '옆', '사이', '안', '밖' 등 위치를 나타내는 말을 정확하게 이해할 수 있게 지도해 주세요.

3. 문장을 확장해 보는 문제입니다. 아이와 함께 '바람이 불어요. 쌩쌩 불어요.', '거북이 기어가요. 천천히 기어가요.' 등과 같은 유형의 문장을 만들어 보세요. 이를 통해 아이는 3어절의 문장, 4어절의 문장을 만들 수 있는 기초를 다질 수 있습니다.

4. 문장의 차례를 익히는 활동입니다. 자연스러운 문장이 되려면 '주어+목적어+서술어', '주어+부사어+서술어' 구조를 갖춘 문장이 되어야 한다는 것을 아이에게 지도해 주세요.

94-95 쪽

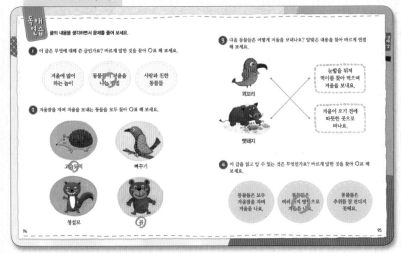

1. 글의 중심 글감을 파악하는 문제입니다. 설명하는 글에서는 제목에 중심 글감이 나타나는 경우가 많습니다. 이 글도 '동물들의 겨울나기'라는 제목을 통해, 동물들이 겨울을 나는 방법에 대해 쓴 글임을 짐작할 수 있습니다. 아이가 글을 읽을 때, 글의 제목에도 주의를 기울일 수 있게 지도해 주세요.

2. 글의 세부 내용을 파악하는 문제입니다. 글을 읽어 보면, 곰은 동굴 속, 고슴도치는 나뭇잎으로 만든 집에서 겨울잠을 잔다고 했습니다. 반면에 청설모는 가을에 미리 땅속에 숨겨 두었던 먹이를 먹으며 겨울을 보내고, 뻐꾸기는 겨울이 오기 전 따뜻한 남쪽으로 떠난다고 했습니다. 아이가 이 문제와 관련된 부분을 다시 한 번 꼼꼼히 읽어 볼 수 있게 지도해 주세요.

3. 글의 세부 내용을 파악하는 문제입니다. 꾀꼬리와 멧돼지가 겨울을 나는 방법은 서로 다릅니다. 이 글에는 동물들이 겨울을 나는 방법 세 가지가 소개되어 있습니다. 아이가 헷갈려하면, 문제에 해당하는 부분을 다시 한 번 잘 읽고 내용을 파악할 수 있게 지도해 주세요.

4. 글의 중심 생각을 이해하는 문제입니다. 이 글은 동물들이 추운 겨울을 나는 방법에 대해 설명한 것으로, 동물들이 갖가지 방법으로 겨울을 난다는 사실을 알려 줍니다. 아이가 글의 의도를 정확하게 이해할 수 있게 지도해 주세요.

96-97 쪽

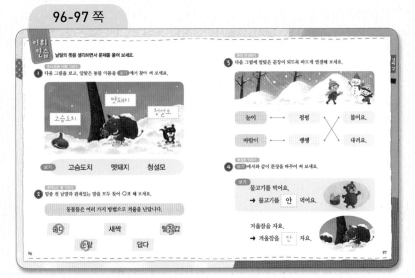

1. 명사를 익히는 문제입니다. 아이가 글에 나온 동물들의 이름을 통해 다양한 낱말을 익힐 수 있게 지도해 주세요.

2. 주어진 낱말과 관련 있는 말을 찾아보는 문제입니다. 아이가 글의 내용과 '겨울'이라는 계절의 특징을 생각하며 문제를 풀 수 있게 해 주세요. 더불어 '새싹'이나 '덥다'는 어떤 계절과 관계가 있는 말인지도 생각해 볼 수 있게 지도해 주세요.

3. '주어+부사어+서술어' 구조의 문장을 익히는 문제입니다. 문제를 풀고 난 뒤에는 '햇볕이 쨍쨍 내리쬐어요.', '비가 주룩주룩 내려요.' 등과 같이 '주어+부사어+서술어' 구조의 문장을 만들어 보는 활동을 해 보세요. 또한 '하얀 눈이 펑펑 내려요.', '차가운 바람이 쌩쌩 불어요.'와 같이 주어를 꾸며 주는 말을 넣어 4어절의 문장을 만들어 보는 활동을 해 보는 것도 좋습니다.

4. 부정문을 익히는 문제입니다. '안'은 '아니'의 준말로, 뒤에 오는 낱말을 부정하는 뜻을 나타내는 말입니다. 아이와 함께 '옷을 안 입다.', '밥을 안 먹다.', '잠을 안 자다.' 등 부정문을 만들어 보는 활동을 하여, 아이가 부정문을 이해할 수 있게 지도해 주세요.

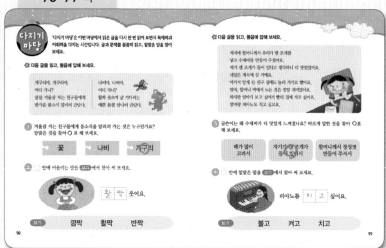

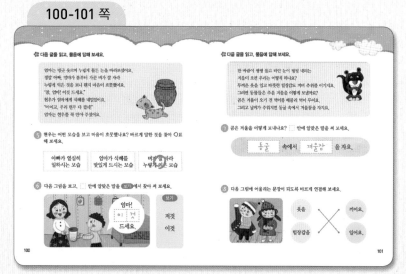

1. 글의 내용을 파악하는 문제입니다. 시에서 개구리는 겨울 잠을 자는 친구들에게 반가운 봄소식을 알리러, 나비는 자기를 기다리는 예쁜 봄꽃을 만나러 간다고 했습니다. 아이가 시의 내용을 제대로 이해할 수 있도록 지도해 주세요.

2. 문장에 알맞은 부사어를 찾아보는 문제입니다. '활짝'은 얼굴이 밝거나 가득히 웃음을 띤 모양을 나타내는 말이고, '깜짝'은 갑자기 놀라는 모양을 나타내는 말입니다. 그리고 '반짝'은 빛이 잠깐 나타났다가 사라지는 모양을 나타내는 말입니다. 아이에게 주어진 낱말을 차례대로 넣어서 문장을 읽어 보게 하고, 자연스럽게 읽히는 것을 고를 수 있게 지도해 주세요.

3. 글의 세부 내용을 파악하는 문제입니다. 글쓴이는 자기가 캔 조개가 들어 있다고 생각하니 수제비가 더 맛있었다고 했습니다. 아이가 글의 내용을 바르게 이해하여 알맞은 답을 찾아낼 수 있게 지도해 주세요.

4. 움직임을 나타내는 말을 익히는 문제입니다. 악기의 경우, 피아노처럼 손가락으로 부딪쳐 소리를 낼 때에는 '치다', 바이올린처럼 활 같은 것으로 줄을 문질러 소리를 낼 때에는 '켜다', 리코더처럼 입에 대고 숨을 내쉬어 소리를 낼 때에는 '불다'라는 말이 어울립니다. 아이가 각 낱말의 뜻을 정확하게 이해할 수 있게 지도해 주세요.

5. 글의 내용을 파악하는 문제입니다. 현우는 아빠, 엄마가 봄부터 가꾼 벼가 잘 자라 누렇게 익은 것을 보고 흐뭇함을 느꼈습니다. 아이가 가을걷이의 의미에 대해 생각해 볼 수 있게 지도해 주세요.

6. 지시 대명사를 익히는 문제입니다. 말하는 사람에게 가까이 있는 것을 가리킬 때에는 '이것', 말하는 사람이나 듣는 사람에게서 멀리 있는 것을 가리킬 때에는 '저것'이라고 해야 합니다. 한편 '그것'은 듣는 사람에게 가까이 있는 것을 가리키는 말입니다. 아이가 '이것', '저것', '그것'의 차이를 분명히 알 수 있게 지도해 주세요.

7. 글의 내용을 파악하는 문제입니다. 글의 뒷부분에 곰은 겨울이 오기 전 먹이를 배불리 먹어 둔 뒤 날씨가 추워지면 동굴 속에 들어가 겨울잠을 잔다고 나와 있습니다. 아이와 함께 문제와 관련된 부분을 다시 짚어 보고, 아이가 글의 내용을 확실히 이해하여 빈칸에 알맞은 말을 써넣을 수 있게 지도해 주세요.

8. 문장을 완성하는 문제입니다. '입다'는 '옷을 팔다리에 꿰어서 몸에 걸치거나 두르다.'라는 뜻이고, '끼다'는 '물건을 몸의 한 부분에 걸치거나 꿰다.'라는 뜻입니다. 아이가 '입다'와 '끼다'의 뜻 차이를 파악하여 바른 문장을 만들어 볼 수 있게 지도해 주세요.

102 쪽

놀이마당

추워도 끄떡없어!
그림에서 이상한 부분을 찾아보는 놀이예요.

🌸 친구들이 하얀 눈밭에서 신 나게 뛰어놀고 있어요. 그런데 그림을 꼼꼼하게 살펴보니 겨울과 어울리지 않는 모습이 있어요. 겨울과 어울리지 않는 모습을 모두 찾아 〇표 해 보세요.

102

● 이 놀이 마당은 겨울에 어울리지 않는 모습을 찾아보는 활동입니다.

우리나라는 봄, 여름, 가을, 겨울, 이렇게 사계절이 뚜렷합니다. 따라서 1년 내내 한 계절인 나라에서는 늘 비슷한 자연환경을 접하지만, 우리나라처럼 사계절이 뚜렷한 나라에서는 계절에 따라 다양한 모습을 볼 수 있습니다.
날씨가 따뜻한 봄에는 개나리, 진달래, 벚꽃 등 예쁜 꽃이 많이 핍니다.
날씨가 매우 더운 여름에는 나무가 우거지고 계곡과 바닷가의 풍경이 아름답지만, 비가 많이 오고 태풍이 불기도 합니다.
서늘한 가을에는 단풍이 알록달록 물들고 곡식들이 익으며, 추운 겨울에는 눈이 많이 내립니다.

놀이 학습을 하기 전, 아이와 함께 사계절의 특징과 계절의 변화에 따라 달라지는 자연환경이나 우리 생활에 대해 먼저 이야기를 나누어 보세요.

메모